日高見の時代

古代東北のエミシたち

「日高見国」は日本書紀景行天皇の条に初出の地名で「東方にあるエミシの国」の意味。今日の北上川流域の広い地域を指す。

はじめに

日本がまだ完全な統一国家としてのまとまりを欠いていたころ、今日われわれの住む奥羽、つまり東北地方は「蝦夷」たちの天地だった。

蝦夷――。エミシ、あるいはエゾ、エビスとも読む。

東北の古代史は、そのエミシたちと大和朝廷勢力とのせめぎ合いの歴史だった、とも言える。「中央の正義」をかざして押し寄せる者たちをエミシは「北の正義」で受け止め、長く激しい抵抗を繰り返した。そして、奥羽の地に独自の浄土を建設しようとした。

古代東北の組織的な抵抗としては、八世紀末から九世紀初めにかけて、胆沢地方（奥州市一帯）の族長阿弖流為《あてるい》の勢力が大和朝廷と対峙《たいじ》した「三十年戦争」が、序章とされる。下って十一世紀の後半、前九年と後三年の両役で、抵抗の歴史はクライマックスを迎えた。

現在の岩手県中・南部を舞台にした「前九年の役」では、安倍一族が政府軍（源氏）を相手に前後十二年に及ぶ激闘を展開。「後三年の役」では、横手盆地を本拠とする清原一族が源義家率いる関東武士団を向こうに回し、一歩もひかぬ戦いぶりを示した。

長い戦乱の後に訪れたのが、藤原氏による「平泉の世紀」である。西方浄土を具現したような、〝皆金色《かいこんじき》〟と称される百年だった。

今日、エミシたちに関する史料は、ほとんどと言ってよいほど残っていない。それと裏腹に、抹殺された彼らの歴史を掘り起こそうという熱気は、東北各地で高まる一方だ。

激動の時代をエミシたちはどう生きたのか。日本史の上にどんな影響を与えたのか。北の地の視座から改めてエミシたちの足跡を追い、正史との絡みを問い直してみよう。

【編集部注】本書は平成二年一月二十九日から五月三十一日まで、六十七回にわたって河北新報紙上に連載され、同年七月に河北新報社より刊行された「日高見の時代　古代東北のエミシたち」を再編集したものです。取材対象となった人物の肩書、年齢等については平成二年の発行時のままとしたほか、地図の市町村名についても利便性を考えて平成二年現在で表記し、本文に現市町村名を記しました。また、この二十年で文献研究や発掘調査がさらに進み、研究者の世代交代もあって、本書の記述にはない新たな事実や学説が多々提示されていることも申し添えます。

目次

第一部　大負《たいふ》の道

前九年の役は安倍氏という奥羽土着勢力（蝦夷＝エミシ）と、大和朝廷軍（源頼義・義家父子）との戦いであった。永承五年（一〇五〇年）の発生から、終息まで足掛け十二年に渡った戦乱は、後に黄金の都・平泉を開く藤原清衡にも、鮮烈な幼時体験を与えている。前九年の役の記録「陸奥話記」を基に、伝承や伝説も交えながら、エミシたちの戦いを再現してみる。まず手始めに安倍一族を含めたエミシとは、どんな素性の人たちだったのだろうか。

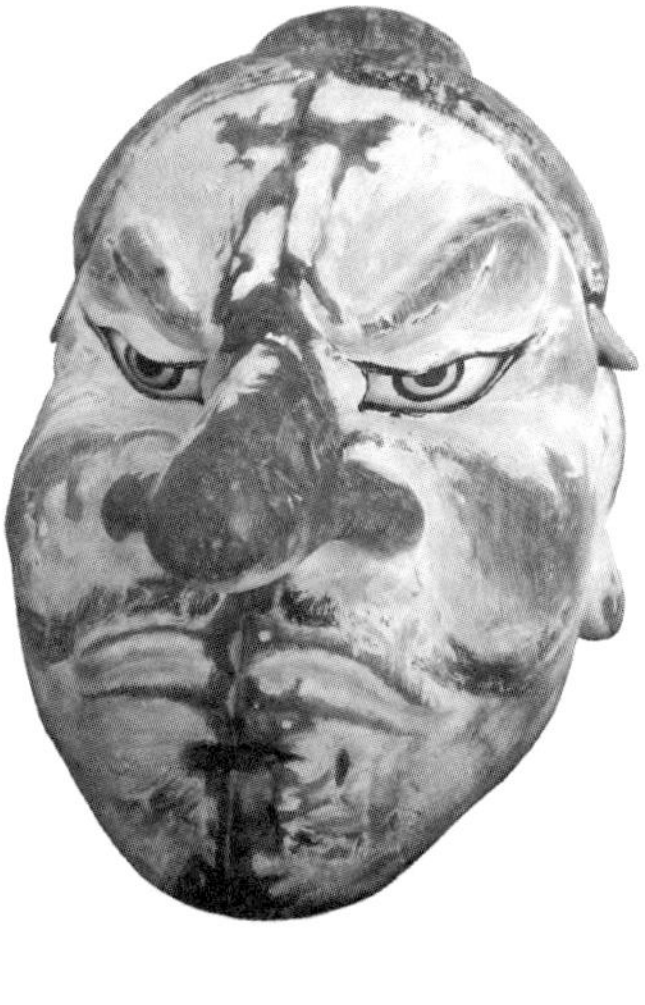

阿弖流為像（茨城・鹿島神宮蔵のレプリカ＝河北新報社蔵）。表紙も

識性暴強

エミシや日高見国のことが、文献に初めて登場するのは「日本書紀」の景行天皇廿七年、四十年の条である。

「東夷識性暴強、凌犯ヲ宗トナス。…其ノ東夷ノ中ニ蝦夷是レ最モ強シ。男女交リ居テ父子別ナシ。冬ハ則《すなわ》チ穴ニ宿リ、夏ハ則チ樔《す》ニ住ム。毛ヲ衣、血ヲ飲ミテ、昆弟(兄弟)相疑ヒ、山ニ登ルコト飛禽《ひきん》(飛鳥)ノゴトク、草ヲ行《めぐ》ルコト走獣ノゴトシ。…故ニ往古以来、未《いま》ダ王化ニ染ハズ」(梶原正昭早大教授校注「陸奥話記」)

国語学者北条忠雄氏の研究によると「ヒダカミノクニ」は東方にあるエミシの国の意で、今日の北上川下流域一帯を指したものらしい。

これらの記述は四世紀ごろのこととされるが、下って八世紀の初め、古代日本が律令国家の体裁を整えてきたころも、奥羽はまだ「日本」の中に完全に取り込まれていたわけではなかった。まるで、列島の中にもう一つの国があるような様相を呈していた。

同じ列島内に、まつろわぬ者が住んでいる事実は、権力者たちにとって不愉快だったに違いない。エミシとは本来、「勇猛強悍《きょうかん》なる者」という意味の、畏敬の念を込めた呼称であった。だが朝廷は、律令とともに中国から仕入れた中華思想もあって、エミシたちを蛮族と決め付け、「蝦夷」の字を当てたりする。

中国から見れば、やはり東夷にすぎない大和盆地の勢力が、さらなる蛮族を作り出そうとしたことに、古代東北の笑えない現実が始まる。司馬遼太郎氏は「街道をゆく」の中で次のような考察を述べている。

朝廷勢力の北上図
（梶原正昭校注「陸奥話記」から）

「唐土の皇帝は辺境の夷狄《いてき》のざわめきを鎮めるに武力を用いる、という思いもよらぬ新知識を得た朝廷のにわか律令官僚どもが、中国風の中央集権国家の体面を整えるために奥羽の武力討伐を始めたのだ」

司馬氏の考察を続けよう。

「エミシはもともと山野に獣を追う狩猟民だった。従って土地に対する執着心も薄く、古くは西日本にも広く住んでいたに違いないが、西から先端の農耕技術を持った集団がやって来て山野を耕地に変えていくと、彼らは獲物を求めて北へ北へと移動して行った」

その間、両者の間に戦いもあれば混血・同化もあり、土地を耕して定着するエミシも現れたであろう。そんな中で、よりオリジナルに近い生活形態を保ったエミシたちの最後のよりどころが、今日の東北地方であった。

南の農耕集団はやがて朝廷国家を作り、農業化した者を「王民」とし、そうでない者を凶悪な異民族であるとした。農か猟か、単に〝生業〟が違うだけでエミシは蛮族とされ、差別を受けた。そして、それが古代東北に不幸をもたらしたのだ。

エミシのイメージは、政治的、情緒的にゆがめられたものだと言ってよい。そのイメージが現在も受け継がれているところに、歴史の恐ろしさがある。

巣伏の合戦

日本武尊《やまとたけるのみこと》の蝦夷平定説話などを除けば、征夷の歴史は日本海水運の発達していた出羽（現在の秋田、山形両県）から始まる。

「日本書紀」斉明天皇四年（六五八年）の条に見える阿倍比羅夫《あべのひらふ》の北航が、それだ。書紀によれば比羅夫は有間浜（吾妻浜＝青森県深浦町）で大野宴を催すなどして秋田、能代、津軽などの在地勢力を巧みに手なずけ、北陸から駆り集めた大船団を見せつけることで、彼らを骨抜きにした。

征夷のやり方も当初は、このように緩やかなものだったが、律令体制が整ってくると事情は一変する。日本の律令制は、大宝元年（七〇一年）の大宝令公布で完成をみるが、それまでは割と自由に暮らしていた北辺の村々にも役人がやって来て、律令（法令）を強制し、租税を取ろうとするようになった。

これが、エミシたちの抵抗を招くことになる。「続日本紀」和銅二年（七〇九年）の条に、陸奥と越後（新潟県）で暴動が発生し、甲斐（山梨県）など七カ国から兵を送って鎮圧したことが記されている。養老四年（七二〇年）には、陸奥国内の最高官位の按察使《あぜち》職にあった上毛野広人《かみつけぬのひろひと》が反乱勢力に襲われ、殺される事件が起きた。

奥羽の不穏は、以後も続く。

宝亀五年（七七四年）、北上川流域のエミシたちが桃生城（石巻市）を急襲、道路や橋を封鎖した。朝廷は征夷の軍を繰り返し発したが、エミシ側の抵抗は根強く、宝亀十一年（七八〇年）には陸奥国府多賀城（多賀城市）が焼き打ちを受ける始末。「三十年戦争」の端緒だった。

時の桓武天皇は、奥羽の経営に情熱を傾けていた。征夷軍が何度か失敗した後の延暦七年（七八八年）、参議の紀古佐美《きのこさみ》を召して征東将軍とし、およそ五万三千の大兵を授けた。「続日本紀」によると「坂東の安危（興亡）は、この一挙にあり。将軍よろしくこれを勉《つと》むべし」と、強く命じている。

翌延暦八年三月末、古佐美の軍は衣川（奥州市衣川区）を渡って、北岸の台地に陣を張った。朝廷の意気込みとは裏腹に、征夷軍の士気は決して高くない。この台地上に一カ月以上もぐずぐず居座り続け、帝のけん責を受けてやっと腰を上げたときは、五月も中旬を過ぎていた。

古佐美軍は五万三千の中から六千の精兵を選んで三隊に分け、北上川沿いに進撃を開始した。まず中・後軍が北上川を渡って東岸を北へ向かい、西岸を北上した後に渡河する予定の前軍と、水沢段丘の北の村・巣伏《すぶし》（奥州市水沢区佐倉河四丑）で合流する。そんな作戦であった。

戦の経過は「続日本紀」に詳しい。中・後軍がエミシの統領大墓公阿弖流為《たものきみあてるい》の本拠に差し掛かったときだった。エミシの一隊三百人ばかりが突然行く手をさえぎり、攻撃を仕掛けてきた。征夷軍も村を焼き払い、反撃に出る。エミシたちはさほどの戦いもせず、サッと退いていったが、実は奥地に誘い込もうという阿弖流為一流の作戦だった。

それと気付かぬ征夷軍が巣伏村に至ろうとしたとき、阿弖流為軍の猛攻が始まる。八百余人が前面に立ちふさがり、さらに四百の伏兵が現れて征夷軍を前後から挟撃した。西岸を進んでいた前軍がこれを救おうにも別の一隊に阻まれ、川を渡ることができない。逃げ惑った兵たちは、北上の流れに次々と追い落とされていった。

官軍の戦死者二十五人。矢傷を負った者二百四十五人。水死者は千三十六人に達した。大軍が、二千に満たない阿弖流為軍の前に崩壊したのである。

英雄の最期

大墓公阿弖流為の率いる胆沢連合のエミシたちは、延暦八年(七八九年)、巣伏の戦いで圧勝。征夷軍撃退に成功した。阿弖流為勢の損害は死者八十九、焼失村落十四、家屋八百余。死者について「続日本紀」は「賊首八十九級」とだけ記しているが、逃げ遅れた女、子供、年寄りたちが相当数含まれていたとみられる。

これはこれで、決して小さくはない代償であったが、前線へ繰り出した六千の軍が崩壊した朝廷勢の敗戦は歴然としている。激怒した桓武天皇は、征東将軍紀古佐美以下の征夷軍幹部を処分するとともに、胆沢再遠征を下命した。

宝亀五年(七七四年)に桃生城が襲撃されて以来、はや十五年。陸奥をめぐる状況は、泥沼に近いものになっていた。

第二次胆沢征討軍は、準備に五年の歳月を要した。征夷大将軍大伴弟麻呂《おおともおとまろ》以下十万の大軍が都を後にしたのは、延暦十三年(七九四年)正月のことである。このとき、副将軍として実戦の指揮を執ったのが、坂上田村麻呂であった。

「水陸万頃《すいりくばんけい》（水面も山野も広大）」と称された胆沢地方は、この大軍の前に一面の焦土と化してしまう。「日本紀略」延暦十三年十月の条によれば、討ち取られた者四百七十五、捕虜百五十、奪われた馬八十五頭、焼失村落は七十五に上った。

延暦二十年（八〇一年）二月、朝廷は第三次の征討軍まで繰り出した。今度こそ胆沢の息の根を止めてしまえ、という意図だった。総勢四万。征夷大将軍には、第二次の遠征で実戦部隊の指揮を執った坂上田村麻呂が選ばれた。

疲弊の極に達していた胆沢のエミシたちに、抵抗を試みる余力などほとんどなかったであろう。田村麻呂は半年後の九月二十七日、都に「夷賊を討伏せり」という力強い将軍奏を発する。そして翌延暦二十一年、胆沢の地で新たな軍事拠点（胆沢城＝奥州市水沢区佐倉河渋田）の建設に着手した。

四月、阿弖流為は副将格の盤具公母礼《いわぐのきみもれ》（もらい、とも）らとともに田村麻呂の軍門に下り、朝廷との「三十年戦争」にピリオドを打つ。阿弖流為らは京の都に伴われたが、処遇をめぐって田村麻呂と宮廷貴族との間で激論が戦わされる。

田村麻呂は阿弖流為の指導者としての力量を認めていたのであろう。今後の胆沢経営のためにも、と助命を嘆願した。これに対して、貴族たちは「この者たちを胆沢へ帰すことは、トラを養って将来の災いを残すようなものだ」と譲らなかったと、「日本紀略」に詳述されている。

阿弖流為と母礼は、刑場の露と消えた。延暦二十一年八月十三日。処刑の場所は、「日本紀略」によれば河内国杜山《もりやま》(大阪府枚方市)とされる。

そのころ胆沢城の建設は、坂東諸国などの浮浪人四千人を集めて、急ピッチで進められていた。一辺が七百《メートル》近い正方形の外郭。北に胆沢川、東に北上川をめぐらした屈強のとりでで、エミシ支配の象徴的な存在にも見えた。

阿弖流為たちの時代は、完全に終わりを告げる。ただし、古代東北の組織的抵抗が終息したわけではない。この後も、長く激しい抵抗の歴史が、北の大地に繰り広げられるのであった。

俘囚長

征夷大将軍坂上田村麻呂の業績の中で、最も評価されてしかるべきは胆沢城の造営であろう。現在の奥州市水沢区佐倉河渋田の地に築かれたこの城は、中世社会(武家政権)のひな型を作った、と言っても大げさではない。

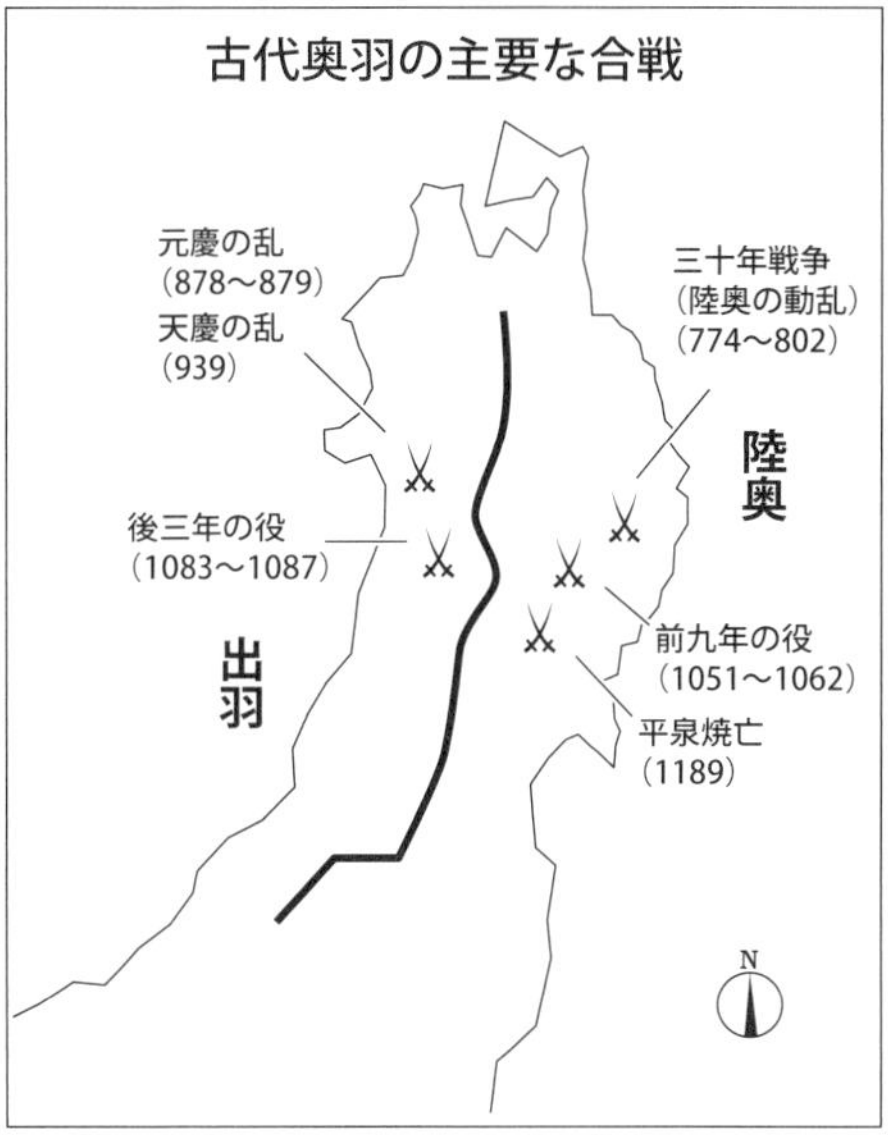

胆沢築城まで、陸奥国府、按察使府（陸奥、出羽などを併せ治める地方行政監督組織）、対エミシの最高軍司令部である鎮守府など、主要機構はすべて多賀城に集中していた。このうち鎮守府が延暦二十一年（八〇二年）、完成後間もない胆沢城へ移った。このことの意義は、実に大きかった。

東北大の高橋富雄名誉教授（盛岡大文学部長）によると、胆沢地方には既に三、四世紀ごろ、農耕社会が成立しており、古墳を築かせる豪族のような存在も見られた。時代が下って、その生産力を軍事力に転化したのが、阿弖流為らであった。

胆沢はエミシたちの抵抗戦を支える経済基盤となったのだが、三十年戦争に敗れてからは朝廷の管理下に置かれることになる。エミシたちは胆沢の経済力ゆえに、再び攻められる立場に立たされた。

胆沢城に限らず、朝廷の城さくの軍事を担わされたのは、俘囚《ふしゅう》と呼ばれる者たちであった。朝廷側に投降、帰順したり捕らわれたりしたエミシたちのことだ。

俘囚の中でも恭順な者は半ば解放され、反抗心を捨てようとしない者たちは、厳重な監視下で戦士として組織された。朝廷は俘囚の中から能力の優れた者を選び、「俘囚長」として管理責任を負わせた。「夷をもって夷を制する」策だが、これが後に裏目に出る。

「三代実録」元慶二年(八七八年)三月の条に、出羽の野代(能代)、上津野(鹿角)などの俘囚が反乱し、秋田城に焼き打ちをかけたことが記されている。世に言う「元慶の乱」だ。数年来の凶作にもかかわらず、役人たちが酷税を課したための決起であった。

俘囚たちの勢いは日に日に強まる一方。朝廷は反乱を武力鎮圧できず、結局、話し合いで解決するしかなかった。

統制の取れた俘囚は、それほど強かった。この反乱事件以後、彼らは俘囚長を頂点に、武力による秩序を形成していく。その端的なものが安倍、清原氏であり、鎌倉幕府のひな型でもあった。ところで安倍、清原両氏の先祖も、元慶の乱とかかわりがあったのだろうか。確たる証拠はないが、どうやら配下の俘囚とともに朝廷軍に参加させられていたらしいのだ。

乱がぼっ発したころの鎮守府将軍は、安倍比高《あべのちかたか》なる人物だった。秋田大の新野直吉教授は、安倍姓の由来をこの比高に求めている。エミシ安倍の先祖は比高に従い、功あって名乗りを許されたか、あるいは勝手に名乗り出して「安倍」を一族の姓として伝えていったのであろう、と。

同様に、「三代実録」元慶二年七月の条に、乱平定のため派遣された権掾《ごんのじょう》(掾は三等官)清原令《きよはらのよし》望《もち》の名前が見える。清原氏につながる可能性のある人物と、考えられている。

風雲動く

——六箇郡の司《つかさ》に、安倍頼良《あべのよりよし》という者あり。これ同忠良が子なり。父祖忠頼は東夷の酋長《しゅうちょう》にて、威風大いに振るい、村落皆服す。

前九年の役の記録「陸奥話記」は、こんな書き出しで始まる。

「六箇郡」とは、現在の岩手県中・南部にまたがる岩手、胆沢、江刺、和賀、稗貫、紫波の諸郡を指す。鎮守府・胆沢城の行政管轄区域に当たり、「奥六郡」とも呼ばれた。

郡司という役職は、地元の有力者から選ばれるのが習わしであった。奥六郡のように、エミシの中でも朝廷への順化程度が高い俘囚の住む地域では、俘囚の中の有力者である俘囚長が代々、その地位に就いてきた。「夷をもって夷を制する」策である。

ところがやがて、これに遙任《ようにん》の風潮が絡んでくる。遙任とは、国司などに任じられた役人が自身は都を離れず、任国には代理を派遣して、役職に伴う〝うまみ〟だけを吸い上げることをいう。

奈良時代後期から一般化し、秋田大の新野直吉教授によれば奥羽では九世紀ごろから始まった風潮だが、結果として国府や鎮守府の形がい化が進んだ。国府などの機能の衰退は、相対的に郡司たる俘囚長の勢力拡大を招く。

安倍氏の場合も、頼良の祖父忠頼の代までに相当な権力を手に入れていたことが、「陸奥話記」の記述から分かる。一族は「安倍道」と呼ばれる幹線道路網を発達させ、黄金の都・平泉のルーツともいうべき「国見山文化」を担ったとも伝えられる。安倍氏の権威の大きさ、それを支えた奥六郡の豊かさが知れよう。

安倍氏は頼良の代になると、胆沢郡の南端を流れる衣川を越え、ついに奥六郡の外へ出た。一族は、穀倉地帯として古くから知られた大崎平野の入り口に当たる扇状地に次々と城さくを築き、磐井、栗原、玉造方面の国衙領《こくがりょう》(国司の統治下の土地)にも手を伸ばし始めた。

「陸奥話記」には「漸《ようや》く衣川の外にいでて、賦貢(貢租)を輸《いた》さず、徭役《ようえき》を勤むることなし」などと、安倍一族が非道な振る舞いをしていたように書かれている。

だがこのころ、貴族、豪族、寺社などが「墾田永代私財法」を盾に、制限を無視した開墾を行うのは、珍しいことではなかった。また、租税を納めず、警察権の立ち入りを拒否する姿勢は、荘園制土地人民所有の基本である。

安倍氏に関して言えば、やり方がまずかったとみられる。新野教授は、こう指摘する。

「国衙領を勝手に開墾した例は、中国地方などにもあります。その土地を名目上、上皇や藤原摂関家に寄進してしまえば、だれも文句は言えなかったのです。安倍氏は、この手続きを怠ったようなんですね」

こうした失敗が、陸奥国司藤原登任《ふじわらのなりとう》の介入を招いた。「これ以上南へ来るな。衣川の向こうに引っ込め」。登任は強硬に申し送る一方で、永承六年(一〇五一年)夏、秋田城介《あきたじょうのすけ》平重成の応援も得て連合軍数千を繰り出し、安倍勢力の南端・鬼切部城(大崎市鳴子温泉鬼首)に迫る。ここを抜いて、一気に奥六郡へなだれ込む作戦だったのであろう。

「迎え撃つしかない」。覚悟を固めた安倍頼良も、千数百の手勢を率いて鬼切部へ急行し、連合軍の不意を襲って木っ端みじんに打ち破ってしまった。連合軍は、大量の死者を残して逃げ散った。

「鳴子町史」は、安倍軍大勝の要因を、山岳地形の利用に帰している。巧妙なゲリラ戦が、安倍勢に勝利をもたらしたのだ。

奥羽の風雲はこれをきっかけに、大きく動く。前九年の役の始まりである。

源氏登場

　永承六年（一〇五一年）の夏、陸奥国司藤原登任と秋田城介平重成の連合軍が、鬼切部の戦いでエミシ勢に大敗――。報告は、朝廷に大きな衝撃を与えた。幾つかの国司を歴任した能吏の登任と、桓武平氏の流れをくむ重成が敗れたのだ。

　朝議が開かれた。「並の者では、エミシどもを鎮圧できぬ」。安倍頼良を圧倒し、朝廷の威信を奥羽に示すことができる者はだれか。「衆議の帰するところ、独り源朝臣頼義に在り」。「陸奥話記」は、そう記している。

　源頼義は、このとき六十四歳。当時としてはかなりの高齢だが、名流清和源氏の統領として、武名並ぶ者はなかった。弓の技に優れ、長元元年（一〇二八年）には、父の頼信とともに平忠常の乱を平定して名をはせていた。

　頼義は陸奥守（国司）と鎮守府将軍に任じられ、永承六年の年のうちに勇躍して北へ向かう。

　このときの頼義の心境は、どんなものだったのか。「〝兵は坂東〟などと言いますが、この当時の坂東の勢力地図を色分けすると、平氏が圧倒的で頼義が入り込む余地はなかったのです。陸奥

安倍・清原・藤原・源氏関係図

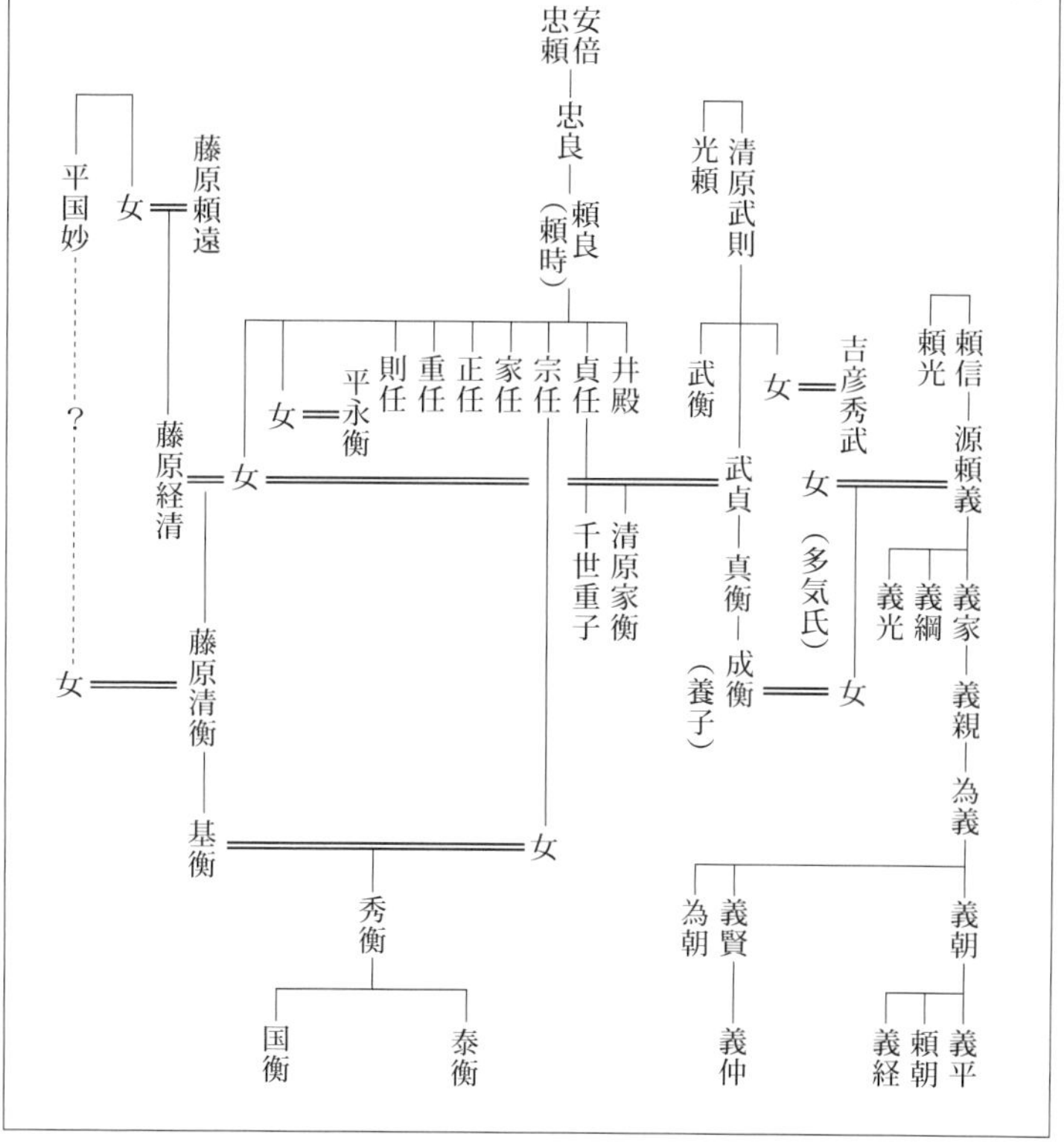

国司になったのは、その劣勢を打開する好機でした」。秋田大の新野直吉教授は、そう指摘する。

「奥羽の地は、矢羽に用いる鳥の羽や武具に欠かせない高価な毛皮類の、一大集散地でした。十一世紀半ばのころ、稲作も相当進歩していたでしょう。駿馬《しゅんめ》の産地でもあったし、勢力を伸ばす積もりなら、格好の土地と言えます」

加えて、奥羽は「黄金郷」でもあった。当時、既に佐渡の西三川などでも砂金が見つかっていたものの、採算ベースには程遠く、金といえば奥羽の特産品であった。

岩手県和賀町(現北上市)在住の作家菊池敬一氏が最も原始的な「わんかけ法」で採金を試みたところ、北上川流域のほとんどすべての川から砂金が採れたという。岩手県南部を流れる胆沢川の上流域などに、今日もたくさんの古い採掘跡が残っている。

「黄金郷をわが手に」と頼義が思ったかどうか、定かではない。だが、この後、頼義とその子孫たちが奥羽に燃やした執念には、ただならぬものがあった。

菊池氏の「北天の魁」によると、頼義の軍団は永承七年(一〇五二年)の雪解けとともに奥羽進攻を開始した。安倍頼良は悲壮な決意を固め、胆沢から磐井にかけて全兵力を配置した。

「このとき、後に安倍氏の敵となる出羽の俘囚長清原光頼《きよはらみつより》・武則《たけのり》の兄弟も安倍方に加勢していたと、私は考えています」と菊池氏は言う。とすれば、この戦は朝廷とエミシたちとの決戦だったとも言える。

戦いの火ぶたが落とされようとしたそのとき、気負い立った源氏の陣中に思いがけない命令が下った。即刻戦闘を中止せよ、というのであった。

阿久利川

「兵を引け。エミシどもに手出しするな」。永承七年（一〇五二年）五月、陸奥で安倍頼良と対峙していた鎮守府将軍源頼義の陣中に、思いもかけぬ戦闘中止命令が下る。

「天下第一の母」と称された上東門院藤原彰子《ふじわらのしょうし》の、病気全快を祈願するための大赦令を受けた命令だった。上東門院は前関白道長の娘で、後一条・後朱雀両帝の生母。時の後冷泉帝の養母にも当たり、紫式部、和泉式部らを従えて、女流文学全盛期の中心的存在でもあった。

この年、上東門院は六十五歳。高齢でもあり、病状は深刻なものだったようだ。ともあれ、頼良の〝反逆〟も許されることになった。

頼良にしてみれば、「助かった」というのが本音だったであろう。配下のエミシたちがいかに勇猛でも、頼義の大軍相手に勝算があったわけではない。むしろ、奥六郡を焦土と化してゲリラ戦を続けるしか、道はなかったと思われるからだ。

「陸奥話記」によると頼良は大いに喜んで、頼義に帰服を申し入れ、自らの名を頼時《よりとき》と改める。名前の読みが同じ「よりよし」では、臣下として恐れ多いとの気配りを見せたのである。

頼義も満足を示し、一件落着した。ただし、頼義の腹のうちはどうだったかといえば、無念やる方ない思いであったに違いない。もともと、安倍氏を打倒して奥羽の実権を握り、五年の任期の間、奥羽の富を吸えるだけ吸ってやろう、というもくろみだったのだ。

彼の父祖たちの地位も、せいぜい諸国の長官止まりで、実態は藤原摂関家への奉仕者でしかない。ここで功名を上げ、奥羽の地に源氏の勢力基盤を確立しない限り、武勇の誉れ高い一門とはいえ、後々どんな扱いを受けるか分かったものではない。

頼義はいらだちを覚えるが、国府多賀城で政務を執る以外、当面は何もできずにいた。奥羽の季節の移り変わりを眺めながら、抑え切れない野心に身を焦がす日が続く。

一方の頼良改め頼時も「五年の辛抱」と念じ続け、忍従の姿勢を崩そうとはしない。一族配下にも忍耐を求め、あらしが過ぎ去るのをジッと待っていた。

何事もなく歳月が流れ、天喜四年(一〇五六年)夏、陸奥守・鎮守府将軍の任期満了を迎えた頼義に、離任の時が訪れる。頼義は権守藤原説貞《ふじわらのときさだ》・光貞父子を引き連れて、胆沢城へ赴いた。表向きは離任に伴う残務整理だが、魂胆は別にあり、もめごとを起こす最後のチャンスとの意図が隠されていた。

「鎮守府滞在は数十日に及び、(頼義は)あちこち立ち回って日を過ごした」。「陸奥話記」には、そう記されている。奇怪な行動だが、安倍頼時はひたすら恭順の態度で接した。ここまできてもめごとを起こされてはたまるか、との思いだったのだろう。

「前九年合戦絵詞《えことば》」に、頼時のすさまじい接待攻勢が描かれている。金銀財宝を門内に運び込む者はひきも切らず、前庭では献上の名馬がいななきを上げるというありさまだった。贈与、歓待は士卒にまで及んだ。

こうまでされては、頼義にも因縁の付けようがない。秋の気配が漂い始めた陰暦七月末、いよいよ離任の日が迫り、頼義一行は見送りを受けて馬首を国府多賀城へ向けた。頼時はホッと胸をなで下ろす。

ところが翌日、頼義の使者が駆け戻って来て、驚くべき口上を述べた。「昨夜、阿久利川《あくりがわ》のほとりで夜営中、藤原光貞らの陣が襲われて死傷者が出た。下手人は頼時の息子貞任《さだとう》である。貞任を出せ。処刑する」というのだ。

将軍の野望

「阿久利川の変」—。安倍氏と源氏の全面衝突の引き金となった天喜四年(一〇五六年)七月のハプニングについては、「陸奥話記」も微妙な書き方をしている。

「阿久利河(川)の辺《ほとり》に夜、人ありて竊《ひそか》に相語る。〃権守藤原朝臣説貞が子光貞、元貞ら、野宿して人馬を殺傷せらる〃と。将軍、光貞を召して嫌疑の人を問う」

朝廷側の公式記録からして、この表現だ。源頼義に事情を聞かれた光貞の答えも、なかなか振るっている。

「安倍頼時の息子貞任に違いありません。先年、貞任は私の妹を嫁に欲しいと言ってきましたが、家格が釣り合わないので断りました。貞任はこのことを深く恨んでいたのです」

頼義は怒った。いや、怒って見せた。「今昔物語」では「これはわしに手向かったも同然である」とまで、言っている。今日、阿久利川の変は頼義の打った猿芝居に近いようなもの、と考えられている。それにしても、あまりにもひどい演出であった。

「陸奥話記」が述べる通り、藤原光貞が「エミシに妹をやれるか」と貞任の家系を卑しめて、挑発したことがあったのであろう。貞任はグッとこらえたのだが、何としても安倍一族に武器を取らせたかった頼義一派は、最後の手段として肉親の情愛を逆手に取ったのだ。

使者の口上を聞いた安倍頼時は驚き、あきれた。道理も何もない嫌疑の掛け方に、頼義の野心が露骨に見て取れた。「しょせん、避けられぬ戦であったか」。頼時は一族を集めて、呼び掛けた。

「人の生きがいは、妻子をはぐくむことにある。仮に貞任が嫌疑を掛けられるような愚か者だとしても、父子の情として見捨てるわけにはいかぬ。この上は、衣川の関を閉ざして、将軍の軍勢と戦うより道はない」

安倍氏の主な城柵（勢力圏）
（「岩手県の歴史」から）

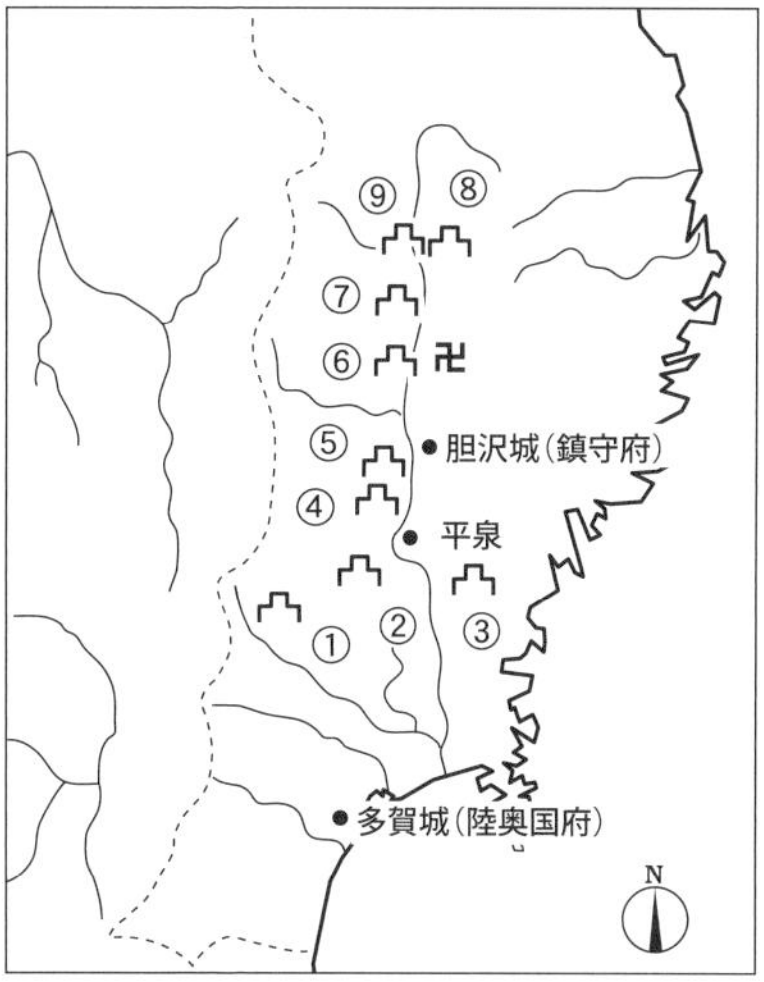

①鬼切部城②小松柵③河崎柵
④衣川柵⑤鳥海柵⑥黒沢尻柵と国見山
⑦比与鳥柵⑧厨川柵⑨嫗戸柵

安倍一族は立った。好むと好まざるとにかかわらず、〝反逆〟の道を選ばなければならなかったのだ。悲痛である。

頼時は自ら本拠の衣川柵《ころもがわのさく》に入り、衣川の関を閉ざした。南の小松柵（一関市萩荘付近）には、一族で僧籍にある良昭《りょうしょう》（照）を、河崎柵（一関市川崎町）には頼時配下で屈指の勇将とされる金《こんの》為行《ためゆき》を配した。貞任、宗任ら六人の息子たちも、領内の固めに散っていった。

源頼義は小躍りした。これこそ待ちに待った状況なのだ。勇んで坂東に檄《げき》を飛ばす。乱を待ち望んでいた勢力が群がり立ち、街道をわらわらと駆け上ってきた。その数、数万騎。

「押し出せえーっ」。頼義の号令一下、野もかすむような大軍団は衣川目指して動き出す。その威容は衝撃となって奥羽を駆け抜け、日和見を決め込んでいた連中は泡を食って頼義軍にはせ参じた。陣中大いに意気上がったであろう。しかし、軍団の前途には、意外な泥沼が待っていたのである。

経清のかけ

天喜四年(一〇五六年)夏、阿久利川の変をきっかけに、安倍一族と源氏は全面戦争の状態に突入した。安倍頼時率いるエミシたちは、徹底したゲリラ戦術を展開する。得意の弓矢を携えて樹間に潜み、あい路に待ち受けては、圧倒的な兵力を誇る源氏の軍勢をほんろうした。

源頼義は、ただ白髪頭をかきむしるばかり。それを見て、ある者が告げた。「こんなに苦戦するのは、内通者がいるせいでしょう。怪しいのは平永衡《たいらのながひら》です」と。

平永衡は、通称伊具十郎。生粋の都びとだが、前九年の役の火付け役で前陸奥国司の藤原登任に従って、奥州入りした。在任期間中に安倍頼時の娘をめとり、伊具郡(宮城県南部)に勢力を張っていた。

登任が安倍氏と衝突した折は、在地豪族としてエミシの側についたのだが、この度の合戦では頼義の傘下に加わっていた。源氏の大軍を前に、抵抗できなかったのであろう。微妙な立場であった。

密告者は、こうした点を挙げつらった。「前九年合戦絵詞」には、頼義の寝所でそっと耳打ちする男の姿が描かれている。永衡と利害関係にある豪族の密告だったかもしれないが、頼義はろくに糾明もせず、郎党ともども永衡の首をはねた。

これを見て震え上がったのが、永衡と相婿の関係にある藤原経清《ふじわらのつねきよ》。「吾妻鏡」によると、やはり頼時の娘の有加一末陪《ゆかいちのまえ》を妻に迎えていた。所領は伊具の隣の亘理郡で、通称を亘理権太夫と言ったが、登任を裏切った前歴も永衡と共通していた。

「次はおれの番だ」。経清がそう思ったのも無理はない。「陸奥話記」は「前車の覆《くつがえ》るは後車の鑑《かがみ》なり」と、逃げる決心をしたと伝える。幸い、妻子は安倍領内の豊田館(奥州市江刺区)にいた。

経清は、エミシたちが国府多賀城攻略を画策している、との流言をばらまいた。将兵の中には、妻子を多賀城に置いて来ている者も多い。果たせるかな、陣中は大混乱になった。経清は手勢八百を取りまとめ、混乱に乗じて北へ走った。

安倍氏に投じた後、経清は水を得た魚のように活発な男となる。特に経済官僚として頭角を現し、国府に納まるべき租税を横取りするなどして、頼義にじだんだを踏ませた。

東北大の高橋富雄名誉教授(盛岡大文学部長)は、経清の姿勢を「大負《たいふ》の道にかけて、不負《たいふ》の道に至ろうとしたのだ」という象徴的な言葉で評している。

もう少しかみ砕いて、説明すると――。経清の祖父兼光は、陸奥守として奥州に下向した人物だった。この兼光かその子正頼の時代に土着を志し、正頼は出羽の豪族平国妙《たいらのくにたえ》の姉妹筋から妻をめとった。生まれたのが経清で、経清もまた安倍氏の女《むすめ》を妻とした。経清の家系は自ら求めて、エミシの世界に身を置いたのだ。

国妙系平氏は、十一世紀の終わりに出羽国内で問題を起こし、朝敵として滅ぼされるが、経清の子、つまり後の奥州王藤原清衡の正室が国妙系平氏の出と考えられている。さらに、その子基衡《もとひら》は、当時既に滅亡していた安倍氏の血筋から妻を迎えている。

「藤原一族は負け犬の血にかけ、その先に来る勝利を拾おうとしたのだ」と高橋氏。事実、大族がすべて滅んだ後、藤原氏はひとり正統な「奥羽の血脈《けちみゃく》」を受け継ぐ者としてエミシたちに認められ、北の大地に強大な権威を築くことになる。

頼時死す

藤原経清が源頼義に背を向け、頼義軍の陣中に「エミシが国府多賀城の攻略を画策している」との流言をばらまいたことは、大きな混乱を及ぼした。頼義は自ら数千騎を率いて、夜に日を継いで衣川から多賀城へ引き返す。その間に経清は手勢とともに、安倍陣営に投じた。

「陸奥話記」によると、天喜四年(一〇五六年)のこの年、兵乱の影響で奥羽は深刻な飢きんに見舞われている。ロクな戦果も上がらない上に、食糧難の追い打ち。農民ばかりでなく、前線の兵士までが逃亡を始め、源氏の数万の大軍が見る見る減っていった。年が明け、春がきても頼義は兵を動かすことができない。

頼義は一計を案じる。陣中の在地豪族を使って、奥六郡のさらに北の豪族たちに働き掛け、ほう起させる策はどうか。腹背に敵を受ければ、安倍頼時とてどうすることもできないであろう、と。

頼義の配下は、見事に俘囚の実力者を釣り上げてきた。「陸奥話記」はその名を、安倍富忠と伝えている。現在の青森県三戸から下北地方に勢力を持っていたらしいが、一族の内部で不遇をかこっていたのだろうか。恩賞をにおわされて内応を約束し、安倍頼時に反旗を翻した。

頼時は驚いたが、一族の者を武力で制することは思いとどまる。実のところ、そんな余裕もなかった。天喜五年七月、頼時は二千の兵とともに北へ向かう。富忠説得のためだった。

「頼時は利害を説くためでなく、部族間の同盟を確認する目的で、源氏との戦の最中にもかかわらず北へ向かったのでしょう。私は出羽山北《せんぼく》の俘囚長清原光頼・武則兄弟も同行していた、と考えています。奥羽の部族間に、何らかの同盟関係があったとしか思えないからです」。作家菊池敬一氏は、そう語る。

「もとは同じ一族。話せば分かる」と、頼時は目算を立てていたのだろう。しかし、説得にしては二千の手勢は多過ぎる。変事も予想しての遠出だったはずだ。

果たせるかな、富忠は天険に兵を伏せ、頼時勢に備えていた。戦闘が始まったのは七月二十五日。頼時一行が、繰坂(奥州市江刺区岩谷堂)に差し掛かった時だった。道の両わきから伏兵がどっと立った。

頼時は説得の無駄を悟り、腰を据えて戦に応じる。激闘二日、頼時のわき腹を一本の流れ矢が襲った。頼時は苦痛に顔をゆがめながら、本拠の衣川柵へ退いていく。

だが、頼時の傷は予想以上に重く、衣川へ帰り着くことはできなかった。頼時は、三男宗任が守る鳥海柵《とのみのさく》(岩手県金ケ崎町)にたどり着いたところで目を閉じる。戦局を左右しそうなエミシの指導者の死は、意外にあっけなく訪れた。

局地戦の勝敗への影響もさることながら、菊池氏は「頼時の死は、もっと大きな流れを変えるきっかけをつくった」とみる。後年、安倍一族の抵抗に手こずった源頼義は、出羽の清原兄弟の応援を求めるが、源清連合成立の陰には清原兄弟の安倍一族へのおん念があった、というのだ。

「頼時の死に際して、〝東日流外三郡誌《つがるそとさんぐんし》〟には、安倍貞任ら息子たちが清原兄弟を激しくののしったことが記されています。お前らが付いていていながら何ということだ、とでも言ったのでしょうか。兄弟の心はこのとき安倍一族から離れ、奥羽の同盟に溝ができたのです」(菊池氏)

史料としては疑問点も多い「三郡誌」だが、このくだりは信じるべきだと、菊池氏は語る。ほかに、清原兄弟を源氏側に走らせた決定的な理由が見つからないからだという。

黄海の風雪

「頼時を誅伐《ちゅうばつ》せり」。天喜五年(一〇五七年)秋九月、源頼義はエミシの統領安倍頼時の死を意気揚々、朝廷に報告した。

「ただし、残党がまだ抵抗を続けていますので、新たな兵士と兵糧を遣わして下さい。ことごとく平らげてご覧に入れましょう」。自信に満ちた上奏文であった。

源頼義は、今回の戦が掃討段階に入ったと信じていた。安倍頼時には貞任、宗任をはじめ七人の息子がいたが、頼義は「いずれ、大したことはあるまい」と、高をくっていた。

二カ月後の十一月、頼義は千八百の兵とともに安倍方の武将金為行がこもる河崎柵目指して、進軍を開始した。旧暦十一月といえば、厳寒の時期に当たる。「もうひと押し、朝廷に印象付ける働きを」という腹だったのだろうが、いかにも頼義のおごりを示す出兵であった。

北上川の左岸沿いに北上し、黄海《きのみ》付近(岩手県藤沢町黄海)に差し掛かったころには、人馬ともヘトヘトに疲れ果てていた。そこを、顔も上げられないほどの猛吹雪が襲う。

頼義軍が黄海川を渡り始めたころ、雪煙の向こうにかすむ熊館の丘から突然、軍兵が群がり立ち、真っ黒に固まって突進して来るのが見えた。頼義は馬上で大きくのけぞった。

黒い塊と見えたのは、安倍貞任率いるエミシ軍であった。その数四千。頼義軍の前線はたちまち突き崩される。「陸奥話記」によれば、佐伯経範、藤原景季、和気致輔《わけのむねすけ》といった名のある武者たちが、次々に首を取られていった。

安倍勢は俊足の馬を駆り、ツルが左右に翼を張る形の鶴翼《かくよく》の陣を敷いて、頼義の本陣を押し包もうとした。頼義の乗った馬に流れ矢が当たるほどの乱戦となる。郎党たちの中には頼義の姿を見失い、絶望のあまり自ら最期を遂げる者や、僧に姿を変えて頼義のなきがらを捜し求める者まで出る始末だった。

「黄海の合戦」周辺図

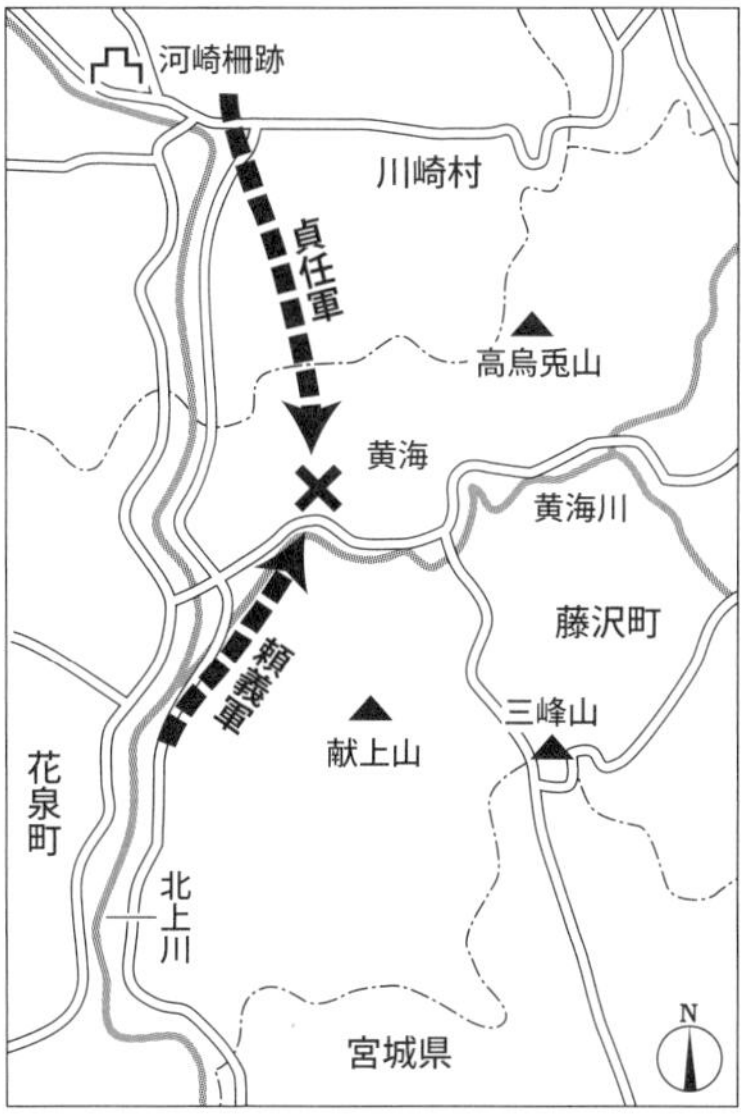

頼義は健在だったのだが、エミシ軍に囲まれて郎党たちも一人減り、二人減りという状態。敗色はもはや、覆うべくもなかった。ついには、頼義に従う者は長男の八幡太郎義家らわずか六騎を残すだけとなる。
義家は、頼義が五十代になって初めてもうけた子であった。この戦の折は十七、八歳の若武者だが、戦いぶりはすさまじかっ

た。白刃をかいくぐり、強弓をギリギリと引き絞って奮戦するさまには、さしものエミシたちもひるむことしばしばだった。

猛吹雪の中の乱戦が続いたが、義家らの死に物狂いの戦いのうちに、雪が貞任、頼義両軍を分け、頼義以下七騎は辛うじて逃げ延びる。「官軍大敗し、死する者数百人」。「陸奥話記」の記述だ。頼義はこの戦で、安倍頼時の息子たちの並々ならぬ力をとくと知らされた。これからおよそ五年、頼義は一切の作戦行動に出られぬ羽目になる。

赤符と白符

「陸奥話記」によれば、天喜五年(一〇五七年)の黄海の合戦で安倍一族に大敗し、辛うじて逃げ延びた源頼義は、多賀城の国府に帰り着くなり朝廷に上申書をしたためる。女々しい弁明に終始する内容であった。

「諸国から兵糧や兵士を徴発して、送ってくれる約束だったのに、いまだに何も到着していない。

国府の周辺で兵を募ってみても、みな兵役を嫌って逃げてしまう。出羽国司の源《みなもとのかねなが》兼長に出兵を求めても、理由を構えて動こうとはしない。朝廷から出兵を命じてほしい」

「現状ではエミシ平定など、とても無理だ」と、泣きを入れたこの上申書を受け取った後も、朝廷は兵糧も兵士も送ってはこなかった。ただし、出羽守の首をすげ替えている。兼長の後任には、頼義のいとこに当たる源《みなもとのただより》斎頼が起用された。

斎頼は出羽国府の秋田城まではやって来たらしい。だが、陸奥の状況が予想以上に厳しいことを知って弱気になり、頼義がどんなに催促しても奥羽山脈を越えようとはしなかった。

頼義は、はらわたが煮え返る思いだったであろう。歴代鎮守府将軍の中で、このころの頼義ほど無力で惨めな気持ちを味わわされた者は、いなかったとも思われる。

この間、開戦前夜に寝返って安倍陣営へ走った藤原経清は、頼義にとって致命的なことをやり始めた。数百の手勢とともに、国衙領に現れては、朝廷への貢納米を片っ端から横取りするのだ。

「もはや、国府に租税を納める必要はない。われわれの方へ持参するようにせよ」。経清はこう命じて回り、諸郡に使者を遣わした。

経清はまた、配下に「貢納米の徴収に際しては、赤い国府印を押した徴税符(赤符＝領収書)を用いず、印のない私製のもの(白符)を使え」と指示する。経済官僚の本領発揮、と言ってよい。

新野直吉秋田大教授の「古代東北日本の謎」によると、公の赤符を廃して私製の白符を用いる経清の方策には、明らかに政治的な意図が含まれていた。

もともと郡司級の役人だった経清は、財政上の実務に精通している。朝廷に見切りをつけて寝返ってからは、エミシの世界に自らの将来を託し、安倍一族に命までもかけてきた。そうした経清だけに、白符による徴税で安倍勢力圏の独立性を宣言しようと考えたとしても、別に不思議はない。

経清の活躍で、安倍氏の財政はますます潤った。白符徴税に応じた民衆は、安倍氏の権威を一層重んじるとともに、頼義を軽視するようになるが、頼義は何の手立てもできない。「若い義家などは、そこに奥羽に対する憎しみや怨《うら》みさえ持つようになり、やがては東北征服の源氏の宿怨《しゅくえん》的野望が形成される」。新野教授はそう指摘している。

頼義は次第に、切羽詰まってきた。このままでは何の軍功も挙げないまま、汚名ばかりが残ってしまう。もう、なりふり構ってはいられなくなった。「出羽へ赴いて、兵を募って参れ」と、義家に命じる。

狙いは出羽山北の豪族清原氏からの、協力取り付けであった。出羽路に潜入した義家は、三輪神社(秋田県羽後町)にもうでて、短刀二振りを大明神にささげたという。願いは山北工作の成功であったのだろう。

清原立つ

源頼義軍を撃退した天喜五年（一〇五七年）の黄海の合戦以降、安倍氏は陸奥に「独立政権」を構築しているように見えた。国府支配下の地域の民衆までが、安倍氏になびいている。源氏の劣勢はだれの目にも明らかで、並の武将ならスゴスゴと退散するところであろう。

だが、頼義はしぶとかった。黄海の戦いから四年余り、さまざまな屈辱に耐えながら、安倍氏打倒の手掛かりを模索し続ける。長男の八幡太郎義家を出羽へ派遣したのは、横手盆地を中心に勢力を張る清原光頼・武則兄弟に目を付けたからであった。

安倍氏が「奥六郡の俘囚長」なら、清原兄弟は「出羽山北の俘囚主（長）」。動員可能な兵力は万を超す。老練な兄弟を味方に引き込めば、安倍一族に互角の勝負を挑めるはずだ、と。

湯沢市の郷土史家佐々木千代治さんによれば、対清原工作を担当した義家は、三輪神社のほか駒形根神社（栗原市）三島神社（湯沢市）三輪神社（秋田県羽後町）など、数多くの土地の神社に足跡を残している。神々に祈りをささげながらも、僧りょ、神職、修験者などの間を、抜け目なく説いて回ったのだろう。

義家は、清原の居城である真人城《まひとじょう》(横手市)にも現れ、光頼・武則兄弟に接触する。「陸奥話記」には「常に甘言をもって説き、常に贈るに奇珍をもってす」と記されているが、説得の過程での贈賄攻勢はすさまじいものだったようだ。

康平五年(一〇六二年)春、陸奥守の任期切れとなった頼義の後任人事が行われ、高階経重《たかしなのつねしげ》が陸奥に乗り込んできた。が、程なく都へ引き揚げてしまう。頼義が国内の裁量権を握りしめて放さず、実質上の任務に就けなかったためで、これには朝廷もまゆをひそめた。

朝議が紛糾する間も、頼義・義家父子は清原説得工作に没頭する。「勝った暁には、奥羽のすべてを清原どのに差し上げます」。その程度のことは当然、言ったであろう。「奥州後三年記」によると「家来にもなりましょう」とまで、言い切ったらしい。

清原兄弟は贈賄攻勢もさることながら、頼義父子の粘っこさには閉口するばかりだった。もともと安倍氏といがみ合っていたわけではなく、源氏に義理があるわけでもない。ただし、安倍氏には五年前のちょっとした遺恨があり､そのことで一族の将来に漠とした不安感を抱いてはいた。

五年前の天喜五年秋、頼義と安倍頼時との間に戦端が開かれた折、奥六郡のさらに北に勢力を張る安倍富忠が頼義に加担する動きを見せた。清原光頼・武則兄弟は富忠説得に赴いた頼時に同行したのだったが、逆に待ち伏せに遭って頼時は戦死。兄弟は頼時の息子貞任、宗任らに、さんざんののしりを浴びせ掛けられた。

「なぜ、あのような辱めを受けなければならなかったのか」。今なお釈然としないものがある。「貞任らがわれらによい感情を持っていないとすれば、強大さを増している安倍一族はいずれ、清原一統に災いをなすのではないか」。心中には、そんな懸念もあった。

そこへ、頼義父子の甘言と寄進攻勢だ。心は揺れに揺れる。「立つべし」。清原兄弟は、ついに決意を固めた。しかし、頼義のためにだけ火中のクリを拾うようなまねは、何としてもしたくない。兄弟の立てた方針は巧妙だった。軍勢は出すが、それを率いていくのは兄光頼ではなく、弟の武則とする。勝てばよし、負けても「弟が勝手にやったこと」と、安倍氏に対して申し開きができる。清原生き残りのためには、最善の策と思われた。

「陸奥話記」によれば康平五年七月、武則以下の清原勢一万が奥羽の山並みを越えて陸奥国に入った。八月九日には、栗原郡営岡《たむろがおか》(栗原市)に到着し、三千の頼義軍と合流する。

小松柵攻防

清原光頼・武則兄弟の領地は出羽の山北、現在の秋田県南東部の仙北、平鹿、雄勝の三郡であった。先祖は元慶の乱(元慶二年＝八七八年)のころ、出羽権掾清原令望に従って軍功を挙げ、清原姓を許されたのではないかとみられている。

以来百八十余年、陸奥の安倍一族と同じように、着実に勢力を伸ばしてきた。「陸奥話記」によれば、源頼義の要請にこたえた清原氏が安倍討伐のために繰り出した兵力は、およそ一万。これは戦国時代なら四、五十万石の大名の動員兵力にも匹敵する。

武則率いる清原勢と、三千の頼義軍が陸奥の営岡で合流したのは、康平五年(一〇六二年)八月九日であった。清原の大軍を見た頼義は、涙を流して喜んだ。辛酸の日々が、脳裏によみがえったのであろう。

一週間後の八月十六日、七段の陣立てを整えた源清連合軍は、安倍一族の最前線基地である小松柵へ進撃を開始した。柵を守るのは、安倍貞任・宗任兄弟の叔父、僧良昭(照)。

小松柵は、堅塁として聞こえていた。「件《くだん》の柵の東南は深流の碧潭《へきたん》(青々とした深いふち)を帯び、西北は壁立の青巌《せいがん》(青みがかった岩)を負う」(「陸奥話記」)
柵の所在地については、一関市萩荘付近を中心に諸説あるが、地元の古老たちの間では「萩荘下黒沢谷起島」に擬せられている。谷起島の北西に「要害」の地名が残っているが、磐井川が北の外堀の役目を果たし、支流の久保川が東と南を深くえぐって流れるなど、「陸奥話記」の記述と一致している。

小松柵の守備兵と清原の偵察隊との間に衝突が起きたのは、八月十七日のことであった。柵に接近した偵察隊は、攻撃の妨げとなる民家に火を放つ。柵の中からもここを先途と、矢が射掛けられる。既に夕やみが迫っていたが、清原武則はこれを戦機と見て、柵の包囲を強化した。

命知らずの清原兵はドッと川を押し渡り、刀を逆手に持って岩壁に足場をうがち、矛をつえにして柵内に乱入した。たちまち敵味方の喚声が入り乱れ、白刃が火花を散らす。

安倍方も負けてはいない。良昭とともに柵の守備に就いていた安倍宗任は、八百の手勢とともに柵から打って出た。清原の前衛をけ散らしながら、頼義の本陣に迫る。頼義は側近の精兵を投入して、防戦に努める。宗任は頼義の守りが堅いと見るや、清原の後衛に馬首を向け、遊兵三十騎で再び猛烈な突撃を敢行した。

清原方の最後衛、第七陣の指揮官は清原武道という者であった。武道は地形を巧みに利用しながら、宗任勢を迎え撃つ。

万余の連合軍に対して、柵方の兵力は半分か、それ以下であっただろうか。疲労の度合いも違ってくる。宗任、良昭配下のエミシたちも、戦闘を繰り返すうちにジリジリと押され始め、ついに柵に火を放って崩れ去った。

「陸奥話記」は、小松柵の攻防での安倍方の死者六十四、対する源清連合軍の死者十三、負傷者百五十余と伝えている。しかし、現実に連合軍が被った損害は、これよりずっと深刻なものだったと思われる。

小松柵から安倍方の本拠である衣川柵までは、直線距離で十キロ程度しかない。小松柵を落とした後、本来なら余勢を駆って一気に衣川へなだれ込むべきだったであろう。だが、連合軍は以後半月以上も、動くことができなかった。

決戦

小松柵を落とし、焼け跡へ進駐した源頼義と清原武則の連合軍は、安倍氏の本拠である衣川柵を目の前にしながら、半月以上も動くことができなかった。秋の長雨にたたられて食糧が尽きかけ、安倍宗任が組織した郷民ゲリラが出没しては補給線を脅かす。

飢えが始まった。源清連合軍の兵士の多くはゲリラとの応戦、食糧を確保するための稲の刈り取りなどで柵を遠く離れ、柵内にとどまる兵力は当初の半数の六千五百にすぎなくなる。

安倍一族の統領貞任は、連合軍の窮状に「今こそ決戦のとき」と決意を固める。磐井川を背にした高梨宿、石坂柵(ともに一関市山目赤荻付近)に集結した八千のエミシ軍は、貞任の指揮で小松柵へ逆襲を開始した。康平五年(一〇六二年)九月五日であった。

「陸奥話記」によれば「地を動かして襲い来る」という。黒い鉄のよろいに身を固めた貞任軍団は、山津波か黒雲のように見えたであろう。白刃が日の光にキラキラと輝き、守備兵たちの心を凍り付かせたに違いない。源頼義までが、悲観論を唱え始めた。

そばで見ていた清原武則は、舌打ちしたくなるような思いだったろう。総大将が浮足立っては勝負にならない。兵士たちの士気が衰えている今、ここで負ければ全軍敗亡の憂き目に遭ってしまう。
武則は頼義の前に進み出た。「将軍、貞任は軍略を誤ったのです。この戦は勝ったも同然でご
ざいますぞ」。頼義はうろたえながら叫んだ。「何を言う。こちらは兵力が劣るのだ。貞任ほどの
男が、勝算もなく合戦を仕掛けてくると思うか」
武則は一層声を大きくして、励ました。「確かにわが軍は食糧も乏しい。ここで貞任らが要害
に立てこもったりしたら、攻める度に味方は消耗し、ついに敗れてしまうでしょう。ところが貞
任は、そんなことも分からずに決戦を仕掛けてきた。天が将軍に味方したのです」
この言葉は頼義を勇気づけた。立ち直った頼義は、決戦を覚悟した。
「陸奥話記」がこのくだりで「名将」として記しているのは、頼義ではなく清原武則の方である。
実際、武則という将がいなければ、奥羽の古代史は違った展開を見せていただろう。
さて、貞任が全軍に突撃を命じたのは午《うま》の刻(正午ごろ)であった。小松柵の周辺は、たちまち
修羅のちまたと化した。
戦は延々六時間に及んだ。数で勝る安倍勢よりも、負ければ後のない源清連合軍の方がより懸
命に戦った。夕暮れが迫るころには大勢は連合軍に傾き、安部勢は次第に磐井川の川岸に追い詰
められていく。

兵の中には渡し舟を見失って逃げ惑ううち、敵に追いつかれて首をはねられる者や、がけから転落したり、磐井川の深みにのまれたりする者が続出した。岸辺を駆け回っているのは、いつの間にか連合軍の武者だけになっていた。

夜になっても、連合軍の追撃の手は緩まない。とどめを刺そうとする武則は、五十人の決死隊を深夜、貞任が本陣を構えていた石坂柵に潜入させ、要所に放火させた。その火の手を目掛けて、清原勢が三方から突っ込んでいく。

安倍勢は混乱の極に達し、どっと崩れて衣川へと敗走を始めた。道筋にはむごたらしく殺された人馬が、乱れた麻のように転がっていた。惨状を呈した辺りには「駒泣坂」「鎧越」「手洗坂」などの地名が、今日も残っている。

この戦が、前九年の役全体の帰すうを決めたと言ってもよい。貞任たちが悲惨な退却劇を演じていたころ、小松柵では頼義が上機嫌で将兵たちをねぎらっていた。

衣川

衣川——。

ころもが（か）は、衣の関、衣の里…。奥州衣川は、平安歌人たちの詩情をかき立てた歌枕の地でもあった。

衣川村史編さん室（当時）によると、衣川を詠んだ古歌は「新古今和歌集」など三十八の歌集に、七十首を数える。詠み人は六十一人。この中には地方官の経験者十人が含まれているが、実際に衣川の地を踏んだのは西行法師ただ一人だという。

おとにのみ　ききわたりつるころもがわ　たもとにかかる　こころなりけり

平安時代の三十六歌仙の一人、藤原元真《ふじわらのもとざね》が「元真集」に収めた歌だが、歌人たちは都に身を置きながら、はるかなみちのくへのロマンを三十一文字に託した。

みちのく、衣川の地名が都に知られるようになったのは、八世紀も末のこと。征東将軍紀古佐美が衣川にエミシ討伐の前進基地を築いたのが、きっかけだった。数次にわたる征東（夷）軍の派遣を通じて、衣川こそみちのくの中央、との認識が次第に固まっていく。

延暦二十一年（八〇二年）、征夷大将軍坂上田村麻呂は、エミシの国の真っただ中に鎮守府胆沢城（奥州市）を築いた。だが、胆沢城は時代が移るにつれて軍事拠点としての力を失っていき、やがてエミシ勢力圏にのみ込まれてしまう。

安倍氏が奥六郡を支配した十一世紀には、朝廷勢力の北限は衣川の線まで南へ後退を強いられていた。このころ、衣川は「国境」であり、両勢力の緩衝地帯、相互監視の場でもあった。前九年の役の発端は、安倍氏が衣川の南へ勢力を伸ばそうとしたことにあるが、これも朝廷が「明らかな越境」と見なしたことによる。

衣川概念図

①安倍館　④衣川柵
②一首坂　⑤月山神社
③衣の関　⑥藤原業近柵

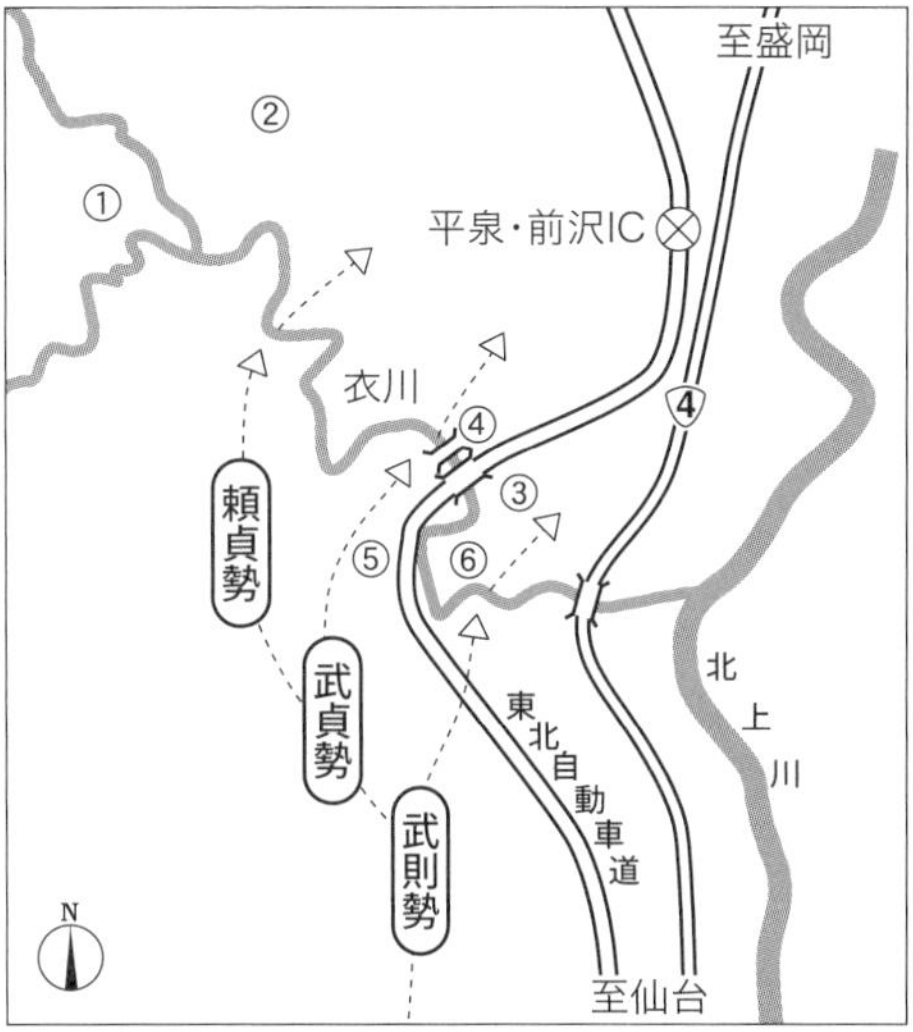

安倍一族が衣川に本拠を構えたのも、かなり古いことのようだ。天喜五年（一〇五七年）七月の戦闘で流れ矢を受けた安倍頼時が、途中の一族の柵を素通りし、重傷の身で衣川へ馬を走らせたのも「最期は衣川で」という執着を示すものであろう。

下って十二世紀の末､平泉の藤原氏が滅びたころも、衣川はみちのくの中央であった。「吾妻鏡」には「西は白河関に界し、十余日の行程なり。東は外浜(青森県外ケ浜)に拠《よ》り、また十余日。その中央に当たりて遥《はる》かに関門を開き、名付けて衣関《ころもがせき》という」と、記されている。

閑話休題。

康平五年(一〇六二年)九月五日の小松柵攻防戦に勝利した源清連合軍が、衣川へ兵を進めたのは翌六日のことだった。源頼義は即日、攻略に取り掛かる。軍勢を三手に分けて、それぞれを清原武則、長男の武貞、おいの橘頼貞《たちばなのよりさだ》の指揮下に置いた。

未《ひつじ》の刻(午後二時ごろ)に至り､正面攻撃に当たる武貞勢が「衣の関道」からドッと押し出した。それと呼応して、上流の方向にう回した頼貞軍が喚声を上げながら、衣川を渡ろうとする。清原の総大将武則は、主力を率いて衣川の下流に。

守備兵の分散を狙った三面攻撃は見事だった。が、安倍一族が代々の本拠として防衛に心を砕いてきた衣川は、容易に連合軍を寄せ付けはしなかった。

一　首坂

安倍一族の本拠・衣川柵は、「陸奥話記」に「峭函《こうかん》の固めにも過ぎたり」と記されたほどの難関であった。「峭函」は、険しさで知られた古代中国の峭山と函谷関《かんこくかん》を合わせた要害、といった意味だが、柵の周辺には至る所に新たなとりでが築かれていた。

衣川も、秋の長雨を集めてはんらん状態。まともに進むべき道もないような悪条件だったのだが、源氏と清原の連合軍はこれを押して力攻めに出る。

康平五年（一〇六二年）九月六日午後に始まった戦闘で、連合軍は柵の中から放たれる矢の雨の前に、バタバタと倒されていった。夜までの死傷者は約九十人に達した。

この劣勢を打開したのは、またしても清原武則の武略だった。武則は野営の陣を張って丹念に地勢を調べた上で、配下の久清という男を呼び、何事か策を授ける。

久清は三十余人の兵士とともに、やみに乗じて衣川を渡り、衣川柵と連携する西南の藤原業近《ふじわらのなり》柵《ちかのさく》に忍び込んだ。柵内に高々と火の手が上がったのは、翌七日未明のことだった。

「業近殿の柵が落ちたのか」。衣川柵に激しい動揺が起き、安倍貞任は衣川に見切りを付ける決心を固める。山を越えた北には、弟の宗任が守る鳥海柵がある。貞任は朝日の中、馬首を北へ向けた。

源清連合軍が追走し、貞任と源義家との間に後世、国定教科書にも取り上げられたエピソードが生まれた。三好京三原作、小坂盛雄脚本の新作神楽「夕日の衣川」が、二人のやり取りを描写している。

義家　向こうに見ゆるは、蝦夷の大将安倍貞任と見受けたり。自らは鎮守府将軍が嫡男、八幡太郎義家とはわがことなり。衣の館《たて》にとどめの一矢を参らせ申さんやのう。

貞任　それに向こうたるは、弓の名手と聞き及ぶ八幡太郎義家なるか、珍しや。いかに衣の関は崩れ候とも、わが手並みのほどを見せん。いざ覚悟せよ。

（切り合いが始まり、貞任が押されて逃げに回る）

義家　いかに貞任殿、敵に後ろを見するともよっく聞け。「衣の館は　ほころびにけり」

貞任　しからば上の句参らすべし。「年を経し　糸の乱れの苦しさに」

義家　見事なるかな貞任殿、ここの勝負はひとまず預け、この地をば一首坂《いっしゅざか》とぞ名付けおく。

貞任　心ゆかしき義家殿、われこのまま逃走致すにあらず。陣をば立て直し、白鳥柵《しらとりのさく》にて再びまみえ申さんやのう。

「古今著聞集」に初出の、この連歌にまつわるエピソードは、後世の好事家の作為とされているが、戦の場でも涼やかさを失わない武将の神髄として、大いにもてはやされた。

「衣川柵は落ちてしまったぞ」と義家が呼び掛けたのに、貞任が返した上の句は一見、何の技巧もないように思える。だが、秋田大の錦仁教授(国文学)によれば、これには深い意味が隠されているという。

「〝年を経し糸〟の糸は、安倍一族の血脈のことでしょう。この戦で、一族の者が大勢死んでいますから。代々住み慣れた衣の館も捨てなければならなかったのです。貞任の心が千々に乱れたさまを表していて、実にドラマチックですね」

一族の運命は、まさに坂を転げ落ちるようなものであった。衣川落城から間もなく、連合軍の手は白鳥、鳥海などの拠点にも伸びる。貞任、宗任、藤原経清ら主だった者たちは、決戦の地厨川柵《くりやがわのさく》(盛岡市天昌寺町周辺)へと急いだ。

夕日の衣川　昭和四十七年、村立衣川小大森分校の教師だった三好京三氏の小説を、村教委の小坂盛雄さんが脚色した。一場四幕、全編二時間三十分のこの神楽は、小坂さんの指導で分校の子供たちによって受け継がれ、平成十年の分校閉校後も衣川小(現在は奥州市立)児童によって継承されている。安倍氏決起の場面から、藤原清衡が平泉を開くまでのおよそ五十年間を描く。

無血入城

源氏・清原連合軍は衣川攻略の余勢を駆って、白鳥村(奥州市前沢区白鳥)に至り、大麻生野《おおあそうの》、瀬原の二つの柵を抜いた。さらに康平五年(一〇六二年)九月十一日未明、連合軍は安倍宗任の居城・鳥海柵に迫る。衣川柵陥落から四日後の快進撃であった。

ところが意外にも、鳥海柵はもぬけの殻だった。あるじの宗任はじめ、敗走してきた貞任、藤原経清らも、一族の分散による戦力低下を恐れ、鳥海を捨てて厨川柵に集結しつつあったのだ。

源頼義にとって、鳥海柵を無血占領できたことは格別の喜びだったのであろう。「陸奥話記」では、清原武則にしみじみと語り掛けている。

「ずっと前から、鳥海柵の名前だけは聞き知っていた。けれど、どんな構えの柵なのかは、知るすべもなかった。その鳥海柵にこうして入城できたのは、すべて貴殿の忠節のお陰だ」

酒を酌み交わしながらの会話だったのか。武則もねぎらいの言葉を口にする。

「あなたは朝廷のために、十余年も苦労を重ねてこられた。この度の勝利は天、地、人が、その忠誠を助けたのです。私はあなたについて来ただけで、大したことは何もしておりません。そう言えば将軍、あなたの白髪も半ば黒くなったように見えますぞ」

謙そんする武則に、頼義が言うには「卿《けい》、功を譲ることなかれ」。あなたの功績はだれもが認めるところで、決して私に譲ることはござらぬ、という意味だ。

鳥海は、衣川や厨川と並ぶ安倍一族の最重要拠点であった。衣川と厨川が奥六郡の南北の固めなら、鳥海は奥六郡の文化と教育のメッカ「国見山」の支えとなっていた。国見山は現在の北上市稲瀬町で、鳥海柵から北東へ約九キロの距離に当たる。

鳥海柵と国見山

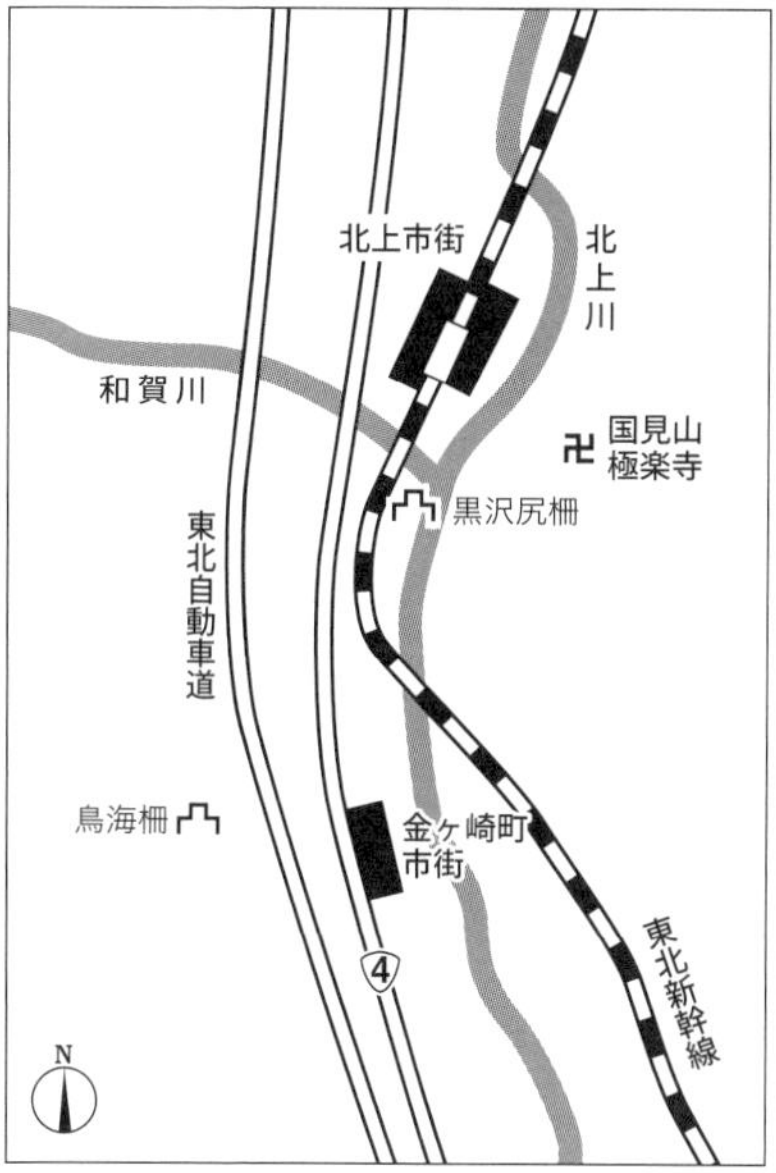

仙台藩の儒者佐久間洞巌が著した「奥羽観蹟聞老誌《かんせきもんろうし》」などによれば、国見山は古くは戸木峯《とこのみね》と呼ばれ、エミシたちの勢力範囲だった。それを平らげたのが坂上田村麻呂で、田村麻呂は山中に一堂を建て、エミシ調伏のため毘沙門天を勧請した。これが国見山の始まりだと伝えられる。
嘉祥三年（八五〇年）、朝廷の命で陸奥へ下った高僧安慧《あんけい》（あんね、とも＝最澄

の弟子）は、全山を一大霊場にしようと計画。「国見山極楽寺」と号する。極楽寺は天安元年（八五七年）、国分寺に次ぐ格の定額寺《じょうがくじ》に定められた。「聞老誌」には「神宮仏宇頗多、僧房己七百余宇」とある。数字の上では後の中尊寺や毛越寺をしのぐ規模で、国見山こそ平泉のルーツとする説も出されている。約二百年後、奥六郡の実権を握った安倍一族は、国見山を手厚く保護した。

国見山

北上市稲瀬町。市の中心部から東南へ約三・五キロのこの地区に、極楽寺という小さな寺が開かれている。一帯を通称「国見山」と呼ぶ。

昭和十一年五月、寺の近くの工事現場から大量の古い瓦が出土した。その中に、この地方では初めての、珍しい紋様の破片が一つ交じっていた。勅許がなければ使用できなかった「軒丸蓮弁瓦《のきまるれんべんがわら》」で、かつて存在した建造物の格式の高さを示すものであった。

「文徳実録」の天安元年（八五七年）六月三日の条に、「陸奥国の極楽寺を定額寺とする」という意味の記述があることは、既に知られていた。定額寺は国分寺に次ぐ格式の官寺だが、付近一帯には「平安の昔、一大寺院群が栄えていた」との伝承も残されていた。「この寺院群こそ〝文実〟の極楽寺に違いない。蓮弁瓦の出土で、それが裏付けられた」。にわかに、極楽寺をめぐる議論が沸き起こる。

北上市教委が国見山地区の発掘調査に着手したのは、昭和三十八年七月のことだった。七年間にわたる調査の結果、おびただしい数の平安期の遺跡が明らかになる。大悲閣《だいひかく》跡、五重塔跡、釈迦堂跡、阿弥陀堂跡、講堂跡の礎石群——。

阿弥陀堂は、後世の中尊寺金色堂と同じ間取りと分かり、講堂は長辺が六十三㍍にも及ぶ建物だったことが確認された。「文実」の記述や伝承が、はっきりと証明されたわけだ。

定額寺の機能は、祈とうや写経、大法会などの宗教的行事のほかに、農業技術の普及・指導、医療（病院）、教育、開拓と幅広い分野に及んでいた。鎮守府胆沢城が北上川流域の政治の中心なら、国見山極楽寺は総合福祉・文化センターだったと言える。

特に、極楽寺は医学の分野で、当時の最高の水準にあったと推定されている。その一つは「薬草園」が存在したと思われることだ。岩手大の菊池政雄教授の調査では、標高二六〇㍍のこの山中から、南限・北限植物、シマカンギクやムシャリンドウなどの薬草類、古代中国からの輸入植物など、六百種以上が採取されている。

やがて、胆沢城が鎮守府の機能を低下させ、安倍氏が奥六郡の実権を握るようになったころ、安倍一族は極楽寺の経営に大きくかかわり始める。北上川流域の政治、軍事、治安をつかさどったのは安倍頼時だが、極楽寺には頼時の弟良昭(照)と息子(?)の官照が居た、とされる。「吾妻鏡」によると、官照は「境講師《さかいこうし》」の称号を持っていた。朝廷が学識を認めた高僧のことで、北上川流域の境講師は官照だけだった。彼こそが極楽寺の中心人物であり、国見山文化の担い手であったのだろう。

安倍一族は、国見山を手厚く保護するとともに、南西の鳥海柵と西の黒沢尻柵に国見山の防衛拠点を置いていた。二つの柵は康平五年(一〇六二年)九月の源氏・清原連合軍の攻撃で陥落したが、とりわけ鳥海柵を放棄したのは、国見山を見捨てたのと同じことであった。

安倍氏滅亡後も国見山は存続し、奥州王藤原清衡も平泉に王都を築く前のおよそ二十年間を、ここで過ごしたと言われている。奥羽を仏教の力で統治するという清衡の発想も、国見山での学問を通じて得たものと思われる。

山は度重なる火災で次第に荒廃していき、文化の中心が平泉へと移ると、そのまま顧みられることもなくなった。現在の極楽寺は、かつての隆盛を惜しんでささやかに再興されたものだ。

コンクリート造りの展望台がある山頂にはかつて、慈覚大師円仁作の十一面観音をまつった大悲閣が建っていたはずだが、その大悲閣をはじめ一山の威容をしのぶよすがは、全くと言っていいほど残ってはいない。

夕顔の兵士

おらあたりのねんずみは／あんまりよくないねんずみで／仏の油ひん盗んで／きょうの町さいくべか／あしたの町さいくべか／きょうの町さいったれば／犬コにワンとほえられた…

盛岡市や岩手県金ケ崎町などに、今もこんな童謡が伝えられている。

この辺りにやって来たネズミは／ろくでもないヤツで／みなが大切にしていた物を盗んでいって／京の都にがい旋しようか／飛鳥(奈良)の都に帰ろうか／京の都に帰ったら／役人たちにしかられた

ザッとこんな意味で、題名を「つんつく太郎」という。小さな女の子たちが、手まりでもつきながら歌ったものだろう。

さて、その「ネズミ」たち、源氏・清原連合軍は、康平五年（一〇六二年）の九月十四日、安倍一族の最後のとりで厨川柵目掛けて北上を開始した。

安倍一族は厨川柵と嫗戸柵《うばどのさく》（盛岡市安倍館町か）を連携させて防衛線を構築し、源清連合軍を待った。

防衛線の東側は、十数《メー》《トル》もすっぱりと切れ落ちたがけになっており、下を北上川が洗っている。南側は、支流の雫石川。要害まことに堅固と言うべきだ。

「つんつく太郎」こと八幡太郎義家は、嫗戸柵を左手にのぞみながら北へ大きくう回し、現在の四十四田ダム下流で北上川を渡河。連合軍の主力は、滝大橋付近で雫石川を渡ったと伝えられている。

北と西の両面から安倍陣営に迫ろう、という構えだ。安倍一族は皮肉にも、防衛線の最大の構成要素である北上、雫石両川に退路を断たれる結果になった。

一族の窮状を伝えるエピソードが、幾つか残されている。例えば、戦もこの段階に至ると、兵力が底をつきかけていたらしい。

防衛ラインに兵を張り付けると、北上川沿いを守る者がいなくなったりする。そこで苦肉の策として、北上川の岸辺に自生する夕顔の実に人間の顔をかき、よろいかぶとを着せて連合軍の目をくらまそうとした、というのだ。

ただし、一族の士気までが低下していたわけではない。守備兵らは城外にも空堀を設け、馬防柵をめぐらし、所々にやぐらを築いて連合軍を挑発した。

「陸奥話記」によれば、遊女たちをやぐらに上げて歌を歌わせたりしている。どのような歌詞だったかは分からないが、歌声は風に乗って連合軍の本陣にまで届き、総大将の源頼義を激怒させた。

「寄せよーっ」。九月十六日の夜明け、頼義は攻撃命令を下す。厨川次郎と呼ばれた安倍貞任が守る厨川柵で、最後の激闘が始まった。

経清無残

積弩《せきど》(石弓)乱発し、矢石雨のごとし。城中固く守りてこれを抜かれず。官軍死する者数百人―。

「陸奥話記」の記述は、文字通り「背水の陣」を敷いた安倍陣営の奮戦ぶりをうかがわせる。

康平五年(一〇六二年)九月十六日早朝、厨川柵で始まった源氏・清原連合軍と、安倍一族との攻防。この日の段階では、連合軍の敗北と断じてよい。

だが、翌十七日午後、情勢は一変した。連合軍は近隣の村々を襲って家屋をたたき壊し、冬枯れを控えた野原や北上川の岸辺からカヤ、アシなどを大量に刈り取って、燃えやすいものを柵の近くに積み上げる。源頼義は自らたいまつを手に取り、「神火なり」と言いつつ火を点じた。

風の強い日だったらしい。陰暦九月十七日は、太陽暦では十月下旬から十一月上旬ごろに当たる。「季節外れの台風がきていたのではないでしょうか」（盛岡市の郷土史家・大村みつ子さん）。そんな推察も出されている。

風はまともに柵の内に吹き付けた。とりではたちまち、火と煙に包まれる。心理的な影響も大きかったはずだ。女、子供らが泣き叫びながら右往左往する。

連合軍にとっては、勝機であった。兵士たちは白刃をかざして柵内に攻め入り、手当たり次第に切り立てる。がけから北上川へ身を躍らせる者、連合軍のやいばに首をはねられる者…。厨川柵は、悲惨な修羅場と化した。

こうした中、安倍貞任、藤原経清らが、連合軍の本陣へ最後の突撃を敢行する。死出の旅路の土産にせめて恨みの一太刀を、との反攻だった。炎の中から決死の形相で迫って来る貞任らを前に、連合軍は一時浮足立ってしまうが、ここで清原武則が意表を突く命令を下す。

「囲みを解け。賊軍を柵の外に出すのだ」

安倍軍は、先を争って包囲網の外へ出た。戦うためにではなく、この場から逃れるために。兵士たちは「逃げられるのではないか」と思った途端に、決死の覚悟を喪失したのだ。

「今じゃ。みな殺しにせよ」。武則が再び下知を飛ばし、厨川柵はついに陥落した。エミシの勇者たちも、しょせんは人の子。その心理を巧みに利用した作戦であった。

藤原経清は生け捕りにされ、頼義の前に引き据えられる。「よくも、経清ーっ」。頼義にとって、経清ほど憎い男はいない。戦の半ばで安倍方に走り、私製の徴税符(白符)を使って国府へ入るべき租税を横取りするなど、頼義をさんざん苦しめてきた男だった。

「どうじゃ。今となっても白符を使えるか」。頼義は激しく経清をののしった。経清は顔を伏せたまま、一言も発しない。これがまた、頼義の憎悪に拍車を掛けた。

「やすやすと殺しはせぬ」。頼義は刃こぼれのひどい鈍刀を取り寄せ、配下に斬首《ざんしゅ》を命じる。経清は地面に押さえ付けられ、のこぎりびきのようにジワジワと、首を切り落とされた。

総大将の貞任は重傷の体を大盾に乗せられ、頼義の前に運ばれてきた。虫の息の貞任に向かって、頼義が罪状を並べ立てて責める。勝利者の余裕と敗者の無残が、際立った対照を見せた。

「貞任一面して死せり」(「陸奥話記」)。貞任は頼義に視線を向け、最後の言葉を口に出そうとした。潔い敗戦の弁か、恨みの一言か。だが、貞任のひとみには、もはや宿敵頼義の姿もボンヤリとしか映っていなかったであろう。

貞任、三十四年の一期であった。

浄土と地獄

安倍一族の最後のとりで・厨川柵は、炎に包まれて落城した。康平五年（一〇六二年）九月十七日。参謀格の藤原経清は、のこぎりびき同然のやり方で惨殺され、安倍貞任もまた、宿敵の源頼義の面前で戦傷死した。

貞任の一子で十三歳の千世童子、貞任の弟の重任も斬首に処せられる。末弟の則任の妻は、三歳の男児を抱いて深渕に身を投じた。則任はそれと知らず、妻が命を絶った後で投降し、出家する。何とも哀れな前九年の役の幕切れだった。

最も悲しい目に遭ったのは、やはり女たちであった。「陸奥話記」によれば、火に追われ煙にむせんで泣いていた「城中の美女数十人」が、父や夫の敵だった源氏・清原連合軍の将兵たちに分け与えられた。

女たちの中には、経清の妻になっていた安倍頼時の女も含まれていた。「吾妻鏡」に有加一末陪と記されているこの女性は、清原武則の長男武貞に与えられる。有加御前は、経清の忘れ形見で六、七歳になる男児の手を引いて、武貞の元へ赴いた。

この子が落日の厨川に見たものは、まさしく「地獄」であっただろう。焼け落ちた建物の間に首のない死体が累々と横たわり、親を失った子供たちが泥にまみれて泣き叫んでいる。女たちは次々、連合軍の兵士に引っ立てられていく――。父経清の断末魔の叫びも、聞いていたかもしれない。

この男児こそ、数奇な運命を経た後に、奥州王となった藤原清衡であった。清衡が後年、平泉にこの世の浄土を築こうとしたのも、厨川での幼時体験と無関係ではないと思われる。

半年後の康平六年二月末、論功行賞があった。源頼義は正四位下・伊予守に、長男義家は従五位下・出羽守に、清原武則は従五位上で鎮守府将軍に、それぞれ任じられた。

在地豪族が鎮守府将軍に就任するのは初めての例だったが、清原氏は朝廷から奥六郡の支配を認められたわけで、出羽山北と合わせた広大な所領を占める。頼義父子にとっては「トンビに油揚げ」の思いであったろう。

義家に至っては、程なく理由を構えて出羽守を辞し、一説では下野守に転じる。清原氏の本拠地の出羽で「エミシの下風に立つ」ことを、潔しとしなかったのだ。父子の奥州支配の野望は、前九年の役では遂げられずに終わった。

頼義父子が安倍宗任を伴って、都へ上ったときのエピソードが幾つか伝えられている。宗任は落城の厨川柵から落ち延びたのだが、しばらく後に投降していた。

「平家物語」によると、宗任が頼義の宿所にいることを知った公家たちが、名高いエミシを一目見ようとやって来る。中の一人が、花を咲かせた梅の小枝を差し示して宗任に尋ねた。「これをば何と言うぞ」

エミシには梅の風流など分かるまい、というあざけりだったのだが、宗任は即座に和歌で答えた。

わが国の梅の花とは　見たれども　大宮人はいかが言うらん

「中央の論理」に対する痛烈な皮肉であった。

「古事談」には、前九年の役をはじめとする過去の所業を悔い、地獄の影におびえて暮らす頼義の、晩年の姿が書き留められている。世間の目は頼義父子に、必ずしも好意的ではなかったようだ。

対照的なのは、安倍貞任の評判であろう。東北各地に残る貞任伝説は、いずれも民衆の側に立って非業に倒れた英雄として貞任を扱っている。いずれが正か邪か、事の本質を人々はキチンと押さえていたのだ、と言ってよい。

墓

岩手県安代町（現八幡平市）の兄畑地区。関本栄吉さん（七五）は、戸数四十戸ほどの集落に住んでいる。関本さんの地所に、奇妙な墓があると聞いて、秋田市在住の郷土史家長岐喜代次さん（七七）と一緒に現地を訪ねてみた。

兄畑地区の北側は、広葉樹の深い森。南側には、標高六六七メートル《メートル》の高畑山がそびえ立っている。

「現在、この辺りには関本、山本、安部と三つの姓の者しか住んどらんです」。砂利道を歩きながら、関本さんが説明してくれた。言い伝えでは、関本家の先祖は姉帯大学《あねたいだいがく》と名乗る戦国武士だという。

「姓氏家系大辞典」（太田亮著）には「姉帯大学兼興」という名が、確かに載っている。「陸奥国二戸郡姉帯より起こる。南部氏の族」との記述も見える。言い伝えの通りだとしたら、関本さんには清和源氏の血が流れていることになる。

「ここだ」。長岐さんが、杉木立の中へ入って行った。雑草の中にポツンと、一基の墓が立っている。表面はザラザラに風化しており、刻んである文字は全く読み取れない。

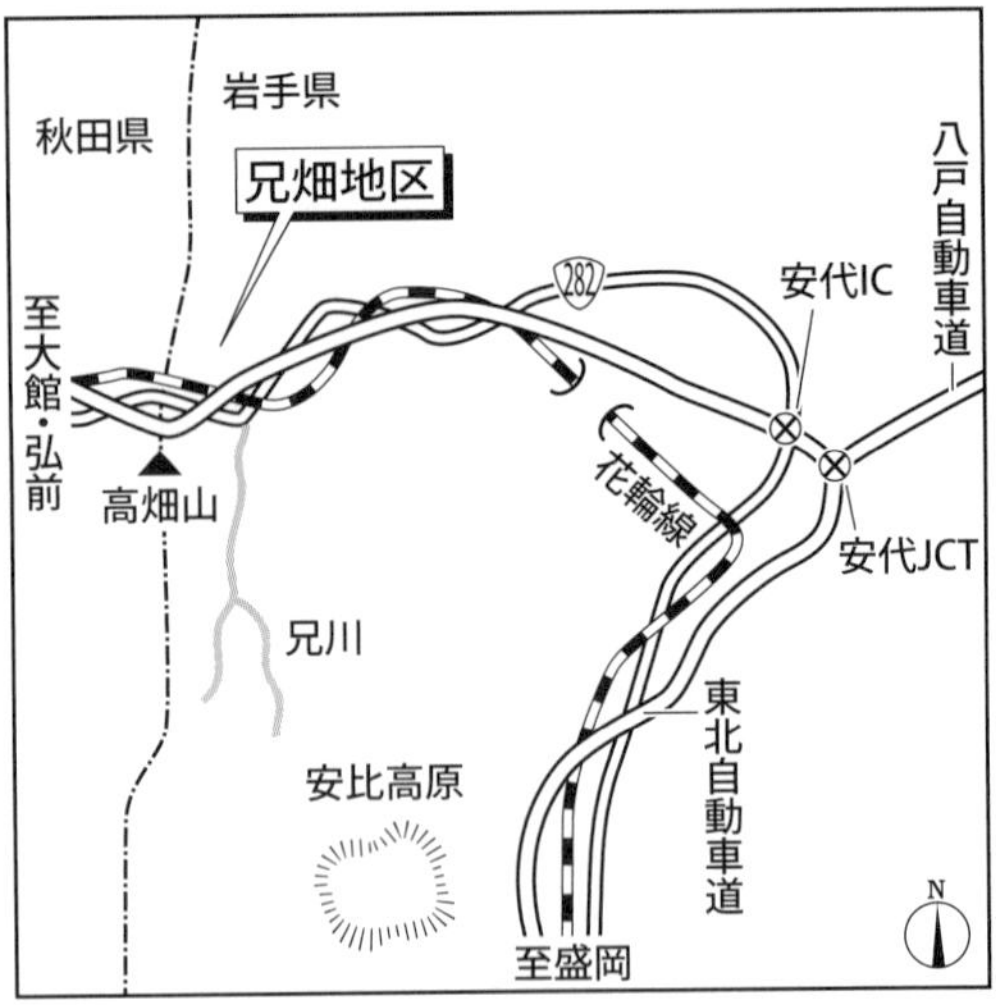

墓の周囲二百平方メートルほどの区域はかつて、関本家の墓所だったという。明治の初めごろ、代々の墓が地区の共同墓地に移され、跡地に杉の苗が植えられたのだそうだ。

この墓は一体だれのものなのか、なぜ関本家の墓所にあったのか、ほかの墓と一緒に移されなかったのはなぜか——といったことは、一切伝えられていない。が、墓の主を推理するための、手掛かりはある。墓石の右肩の部分に刻まれた「扇」の紋だ。関本家の家紋は「木瓜《もっこう》」だから、墓の主が関本家の先祖だとは考えにくい。

数世紀を経ていると思われる墓石をなでながら、長岐さんが言った。「安倍氏の紋なんだよ、これは」

「東日流外三郡誌」によると、厨川柵落城の際、安倍貞任は次子高星丸《たかあきまる》をひそかに柵から脱出させた。三歳の高星丸は乳母に抱かれて鹿角郡高畑郷に落ち、やがて旧臣を集めて津軽の十三《とさ》湊《みなと》へ移った——。

兄畑地区には、これと符合するような伝承が残っている。「高星丸が高畑山の中腹に隠れ住んでいた」というのだ。「外三郡誌」は、高星丸を日本海で活躍した安東水軍の祖である、と記しているが、兄畑の伝承では、高星丸はこの地で帰農したことになっている。

「あんたの先祖はね、恐らく高星丸を護衛して来た安倍の家来だったんだ」。長岐さんの言葉に、関本さんは何もこたえなかった。朽ち果てた墓も、多くを語ろうとはしない。ただ扇の紋だけが、懸命に何かを訴えようとしているように見えた。

第二部　野望渦巻く

奥羽への勢力拡大を目指す源頼義と手を組んだ清原氏は、康平五年（一〇六二年）九月、厨川柵で安倍一族を滅亡に追い込んだ。この「前九年の役」の論功行賞で、出羽の俘囚主（俘囚長）清原氏は陸奥の奥六郡をも所領に加え、安倍氏をしのぐ強大な在地勢力に成長した。ただし、一族の内情には複雑な血縁の絡み合いがあり、その複雑さにつけ入った頼義の長子源義家は後年、世に言う「後三年の役」をひき起こす。後三年の役は、前九年の役と比べても圧倒的にナゾと疑惑の多い戦であった。

金沢八幡宮（横手市）が所有する「奥州後三年合戦絵詞」。中央に描かれている義家「雁が列を乱した。伏兵がおるやも知れぬ。者ども抜かるまいぞ」

清原の兄弟

清原武則の助けを借りて安倍一族を滅ぼした源頼義が死去したのは、前九年の役終結から十三年後の承保二年(一〇七五年)。八十七歳であった。

「古事談」によれば、晩年の頼義は戦と人殺しに明け暮れた一生を悔やみ、悲嘆の涙にくれていた。やがて「その昔、衣川を攻めたとき」のような一大決心で、仏道修行に励んだ末に、やっと往生を遂げたという。説話とはいえ、頼義の性格をうがった記述と言えよう。

この間、清原氏は勢力を増し続けていた。一族は出羽山北地方の領地に、安倍氏が支配していた奥六郡を併合し、奥羽の歴史上空前の権力を持つに至る。

一族の中心はやはり、鎮守府将軍のポストを得た清原武則であった。確かな記録はないが、将軍に任じられた年の康平六年(一〇六三年)ごろ、武則は本拠を陸奥国内に移したようだ。

武則の治府が鎮守府胆沢城であったことはまず間違いないのだが、肝心の居館がどこにあったのかははっきりしていない。胆沢城そのものだったろうとする説もあれば、安倍氏の本拠だった衣川に入ったのだとする説もある。

本拠地の近くには、総合福祉・文化センター的役割の寺の存在が不可欠だ。国府多賀城に多賀城廃寺や陸奥国分寺、胆沢城に国見山極楽寺、平泉政府に中尊寺があったのがそれだが、清原氏の本拠についてはそうした寺の位置も明確でない。

岩手県史編さん委員などを務めた司東真雄氏は、北上市史に収められた論文「白山寺の建立年代と建立思想」で、北上市黒石地区にあった白山寺こそ清原文化の中心と指摘。西側のふもとに置かれた岩崎寨《いわさきのとりで》(岩崎柵)が、清原氏の有力な城柵の一つではなかったかという意味の仮説を立てている。

いずれにせよ、清原氏の陸奥での治世が二十年にも及んだにもかかわらず、これらの記録が全く残されていないのは、一つの謎と言ってもいい。

さて、清原一族に目を移すと、その実態は「清原合衆国」とでも称すべきものだった。重要な取り決めは、すべて合議制で運用されていたとも考えられている。

武則の下には、現在の大仙市協和荒川を本拠とする吉彦秀武《きびこのひでたけ》、同じく秋田県羽後町貝沢辺りの清原武道といった武将が何人もいた。いずれも、前九年の役を戦い抜いた口うるさい長老連であった。

武則や長男の武貞は、彼らとともに戦場を駆け抜けた仲でもあり、また一族をまとめていくだけの器量も備えていたらしい。この二代の間は、格別波風は立たなかった。

ところが、武則も武貞も、源頼義のような長寿は保てなかった。二人の死後、武貞の子の真衡《さねひら》が清原宗家の跡を継いだが、このころから一族の間にあつれきが生じ始める。

「奥州後三年記」によると、真衡の威勢は父祖に優れ、朝廷の覚えもめでたかったようだ。だが、長老たちにしてみれば、「前九年の合戦も知らぬ若造が威張りおって」という感情は当然あったであろう。真衡も「総領はわしじゃ」とばかりに、彼らを一方的に従わせようとしたことがあったかもしれない。

事態をさらに複雑にするのが、真衡とは父親や母親の違う「兄弟」の存在だった。厨川落城の後、安倍方の策士・藤原経清の子の清衡が、母の有加一末陪と一緒に武貞に引き取られたが、このころには一人前の清原武士として成人している。

有加御前と武貞との間にはまた、家衡という男子が生まれていた。真衡、清衡、家衡の間に、何かが起こらない方が不思議であろう。

秀武怒る

安倍氏滅亡から二十一年の歳月が流れた永保三年（一〇八三年）のある日、清原真衡の館（衣川？）は婚礼の準備で、大いににぎわっていた。

子に恵まれなかった真衡は、桓武平氏の流れをくむ海道小太郎平成衡《たいらのなりひら》を養子にしていた。この成衡に、嫁を迎えることになったのだ。

「奥州後三年記」によると、相手は常陸国の豪族多気権守宗基《たけのごんのかみむねもと》の孫娘で、宗基の娘と源頼義との間にできた女性。権力至上タイプの真衡には、至極良縁と思われたことであろう。成衡と源義家が義兄弟になるのだから。

清原宗家の婚儀とあって、一族郎党はもとより近隣の豪族たちまで、贈り物を持ってやって来た。一族の長老吉彦秀武も、本拠の出羽から祝いの品々を携えて参上していた。

秀武は真衡の祖父武則の母方のおいで、武則の娘をめとっていた。真衡にとっては、義理の叔父に当たる。前九年の役では、清原勢一万の第三陣を指揮した古豪。武則亡き今、まさに重鎮という言葉がふさわしい人物であった。

秀武は朱塗りの杯盤に砂金をうずたかく積み、自らささげ持って真衡邸の庭にひざまずいていた。

そうして、どれほどのときを待ったろうか。秀武は七十過ぎの老体だ。作法通りの姿勢を続けて、杯盤を持つ腕もしびれてくる。だが、真衡は一向に姿を見せない。

このとき、真衡は邸内で「五そうのきみ」という奈良法師と碁に打ち興じていたのであった。秀武参上の知らせは聞いていたはずで、高慢、非礼は言うまでもない。あるいは真衡は、腹に一物を持ってこんな態度に出たとも考えられる。

庭先の秀武は、苦痛ももう限度に達していた。「奥州後三年記」によれば、秀武の胸には「われまさしき一家の者なり。果報の勝劣によりて主従のふるまひをす。…なさけなく、やすからぬことなり」との思いが、こみ上げてくる。先々代の武則はできた男だったが、苦労知らずの孫にまで、なぜ家来扱いされなければならないのだ、と思ったのだろう。

「もう、我慢ならぬ」。秀武は怒りにまかせて、砂金を杯盤ごとその場にまき散らした。立ち上がって小走りに門の外へ出ると、祝いの品々を門前に投げ捨てる。あとは合戦あるのみ。秀武は着背長《きせなが》(大将の具足)に身を固め、供回りにも合戦の支度をさせて、本拠の出羽へ引き揚げる。

これを聞いて、真衡も怒った。だが、腹の内は分からない。「引っ掛かりおったわ。宗家に盾つけばどうなるか、見せしめにしてやる」と内心、ほくそ笑んだかもしれない。

清原氏の内情を考えると、この婚儀には長老たちの中に異論を差し挟む者がいたのではなかろうか。「どこの馬の骨とも分からぬ海道小太郎などを養子に据えたと思ったら、今度は頼義の娘か。せめて小太郎の嫁ぐらい、清原の一族から選んだらどうじゃ。血のつながらぬ者を宗家と仰ぐなど、わしは真っ平じゃ」と。

昔かたぎの秀武などが、特に言いそうなことだ。ならば真衡は反対者の口をふさぎ、これを機会に宗家の方針が絶対のものであることを、一族に示そうとしたはずだ。

真衡は直ちに奥六郡の兵を集め、秀武攻めに出ようとした。秀武は窮して、一策を案じる。それは、真衡の兄弟筋の清衡、家衡を味方に引き込むことだった。

義家乗り出す

「そなたたちは、真衡（清原真衡）の従者扱いで満足なのか。真衡は今、この出羽へ攻め寄せて来ている。館は空っぽのはずじゃ。すきに乗じて攻め、真衡の妻子を捕らえよ。それが成功したなら、真衡にこの白髪首など取られても、惜しくはないわい」

そうたきつけているのは、清原一族の長老吉彦秀武。聞いているのは、真衡の「異父母兄弟」の清衡と「異母兄弟」の家衡だ。

秀武は真衡にないがしろにされて怒りを爆発させたのだが、清衡と家衡の二人も日ごろの真衡の専横ぶりを苦々しく思っていたようだ。とりわけ家衡には、母親は違っても同じ武則の息子である以上、真衡に実子がなければ「われこそが清原の統領」と、そんな自負もあったであろう。

二人は秀武の呼び掛けに応じ、真衡との戦を決意する。「奥州後三年記」によると、豊田館（奥州市）から出陣した家衡と清衡は、衣川ののど元に当たる要衝の白鳥村に押し寄せ、四百戸余りを焼き払った。後三年の役の幕開けである。

清衡らが豊田館から、白山寺や胆沢城の前を素通りして白鳥村を襲ったところを見ると、真衡の居館は衣川にあったと考えてもよかろう。

真衡は「白鳥村焼亡す」の報に驚いた。このままでは衣川も危ない。秀武追討のため出羽に向かっていた軍勢とともに、大急ぎで引き返して来る。ただし、腹背に敵を受ける形で、苦しい状況に立たされたことに変わりはなかった。

前九年の役から二十年余を経て、奥羽が再びきな臭くなってきたこの永保三年（一〇八三年）秋九月に、あの源義家が念願の陸奥守に任官する。前九年の役の働きで与えられた出羽守のポストをけって、奥羽を去ってから二十年。その間、美濃源氏の内紛を鎮め、僧兵同士の争いに介入するなどしたものの、「天下第一の武勇の士」としては物足りないものであった。

義家はいわば、功名に飢えたオオカミのごとき状態に置かれていた。そして、心中にはもう一つ、奥羽両国制覇の野望が秘められていた。

奥富敬之早大講師は「奥羽戦乱と東国源氏」の中で「たとえ清原氏が必死に柔順な態度を取り続けたとしても、ただで済むはずはなかった」と述べている。その清原氏は、内紛まで起こしているのだ。義家が乗ずるすきは、十分だったと言える。

真衡は義家の着任に合わせて戦を中止し、国府多賀城へ赴いた。「三日厨《みっかくりや》」と呼ばれる連続三日の祝宴が張られ、日ごとに五十頭の馬、砂金、タカの羽、アザラシの毛皮、絹布など、おびただしい品物が新国司に献上された。

真衡にとって、義家は養子の成衡の新妻の兄でもある。義家との関係を良好に保っておけば、陸奥にいる家衡や清衡の存在を忘れて、出羽の秀武攻めに専念できる。そんな計算もあった。

義家は上機嫌で、真衡支援を約束。真衡は再度、出羽へ兵を進めた。もちろん、義家の野望など知る由もない。

不審な死

清原宗家の真衡が吉彦秀武追討のため、再び出羽へ向かったことを知るや、清衡と家衡はまたもや、衣川の館へ攻め寄せた。来襲を知った真衡の妻は、たまたま郡内巡視で近くまで来ていた源義家の郎党に救いを求める。

「奥州後三年記」には、兵藤大夫正経、伴次郎助兼の二人と記されている。真衡の妻は二人に、切々と口上を述べた。

「わが夫の真衡が秀武攻めに赴いている間に、館が清衡らに攻められてしまいました。わが方は兵も多く、防戦の心配はありませんが、私は女の身で、兵を動かすすべを知りません。お二人には、大将軍として兵を指揮して下さいませんか。国司義家殿にも、合戦の様子をお知らせ下さい」

根が単純な武人の二人。この言葉の裏にある政治的な意味も分からぬまま、大将軍にとの誘いに乗せられて、真衡の館に急行した。東北大の高橋富雄名誉教授(盛岡大文学部長)は「平泉の世紀・藤原清衡」の中で、真衡の妻の腹の内を読み、女ながら大変な策略家だったと推理している。

「(真衡の妻の思惑は)本来、中立の立場に立って、紛争の防止につとめなければならないはずの国司に、じょうずに真衡側に立っての参戦をもちかけたものである。そのうえ、義家の大軍によって、労せずして反乱を鎮定するという、一石何鳥もの効果をねらったものである」と。

あるいは正経らも、義家の内命を受けて内紛介入の機をうかがっていたのかもしれない。二つ返事で入城したものの、真衡の妻の口上とは裏腹に清衡らの勢いは強く、結局は義家の来援を要請することになった。

義家の行動も素早かった。自ら陣頭に立って、清衡らに最後通告を突き付けた。「退くか、戦するか」

国司に逆らえば、反逆者となる。まして相手は義家。清衡、家衡とも、退却に決しかけた。が、このとき、清衡の親族で重光という男が、激しい口調で主戦論を唱える。

「康富記」によれば、重光は「天子といえども恐るべからず。いわんや相手は、一国の国司にすぎぬ。既に戦は始まっているのだ。戦うべし」と主張した。この無謀な?進言に押されて、清衡らは戦いを挑む。

しかし、戦慣れした義家にはかなうわけがなかった。軍勢はたちまちち散らされ、重光は討ち取られてしまう。清衡と家衡は、一頭の馬に二人でまたがり、辛うじて逃げ延びる始末だった。

こうした折も折、出羽から変事の報が届く。何と、真衡が秀武攻めの進軍途中で急死した、というのだ。「康富記」は「この間、真衡は出羽発向の路中にて病に侵され、頓死しおわんぬ」と述べている。

鎮守府将軍の死去を伝えるにしては、あまりにもそっけない記述と言えよう。何の病気だったのかも含めて、どの史書も事の真相には触れていない。

そうした状況から「暗殺」説がささやかれるようになった。秀武、清衡、家衡と、真衡には敵が多かった。そしてもう一人、真衡がいなくなった方が都合のよい人物がいる。義家だ。

「暗殺があったとすれば、義家か家衡の仕業であったろう」。秋田市の無明舎刊の「あきた意外史」には、そんな指摘も見える。

だが、家衡らに、刺客を差し向けるだけの余裕があっただろうか。逆に義家なら、容易にできたと思われる。密命を帯びた者を「軍目付《いくさ》」として、真衡の陣中へ送り込んでも、だれも怪しまなかったはずだ。

真相はヤブの中だが、ともあれ真衡の死後、奥羽は義家の手のひらの中にあった。義家は清衡の所領を真衡の養子で、義家自身の義弟にも当たる成衡には、相続させようとしなかった。もっと遠い先を見ていたからだった。

清衡の陰謀

清原真衡が死去したのは、永保三年(一〇八三年)だったろうか。翌応徳元年春のことだろうか。いずれにせよ、清原氏の内紛の一方の当事者は、この世から消えた。清衡も家衡も、傍若無人な真衡に抵抗して兵を起こしたのであり、もともと陸奥国司の源義家と事を構える積もりなど、さらさらなかった。

二人は、義家に盾ついた罪を主戦論を唱えた重光になすりつけて、降伏した。義家は二人を許したばかりでなく、真衡の遺領の奥六郡のうち、胆沢・江刺・和賀の南三郡を清衡に、北の稗貫・紫波・岩手の三郡を家衡に、それぞれ相続させた。

奥六郡を二人の兄弟に分割相続させることは、表面的には公正な裁定のように見える。だが、実際には、少なくとも二つの点で公正とは言い難いものであった。一つには裁定に当たって、真衡の養子で義家の義弟でもある海道小太郎成衡の存在が、全く無視されたことだ。

今一つは、二人が相続した領地の条件があまりにも違い過ぎることだった。清衡の南三郡は、朝廷の奥州経営が始まるずっと以前から開けていた穀倉地帯。これに対して、家衡に与えられた北三郡は、ほとんどが未開拓の原野であった。

清衡と家衡は、母親こそ同じだが父が違う。家衡は清原武貞の子だが、清衡の父は藤原経清で、清衡は清原氏の血を全く受けていない。清原氏の正統を自負する家衡にとって、義家の裁定は不満だったであろう。

「いずれ、両者の間に反目が起こるはず」と、義家は読んでいたに違いない。家衡は清衡のことをさまざまに中傷したが、義家は一向に耳をかさない。それどころか「康富記」によると、ときに清衡の忠勤ぶりをたたえたりした。

「家衡の不満は次第に高じて、ついには不安に転じてしまった」。秋田大の新野直吉教授は「古代東北の覇者」の中で、そう分析している。

家衡は二十歳そこそこの、血気の若者。義家と清衡が親密度を増していくのを見て、奥六郡どころか出羽の権益まで取られてしまうのでは、と不安を募らせるのは当然であった。

そんな折も折、義家は家衡に、清衡の豊田館に同居するよう命じた。もちろん、兄弟関係の修復を期待するような、好意的な考えによるものではない。こじれた仲を決定的にしようという策謀に、ほかならなかった。

真衡の死から三年ほどたった応徳三年(一〇八六年)九月、家衡の不安は殺意となって爆発した。家衡は配下とともに、清衡の寝込みを襲う。館は焼け、清衡の妻子、郎党は皆殺しにされた。だが、清衡は急襲を事前に察知。身一つで逃れ出て草むらに潜み、焼き打ちの一部始終を見ていた。

この事件については、恐ろしい推察もなされている。新野教授は、清衡が自分だけ逃れるのが精いっぱいだったのではなく「わざと妻子以下をおとりにしたのではないか。…その可能性は極めて強い」と述べている。

新野教授によれば、清衡は義家と共謀して、家衡をわなに陥れようとしたのだ。妻子も逃げ出したとなれば、家衡は襲撃を中止してしまうだろう。それでは、家衡を戦に誘い込むことはできない。

清衡もまた、野望の人であった。承知の上で妻子を見殺しにしても、不思議ではない。後年、清衡が開いた中尊寺金色堂の棟木の墨書銘に「女壇清原氏」とあるのは、このとき死んだ清衡の妻のことだともいわれている。清衡には晩年まで、強い自責の念があったのかもしれない。

家衡は失火に見せかけて、清衡を葬り去ろうとしたのだろう。失敗したと分かると、山を越えて出羽へ逃げ、沼ノ柵(横手市雄物川町)に入った。沼ノ柵は、家衡の祖父武則の居城だったともされ、清原氏歴代の城であった。

そのころ清衡は国府に赴き、事の次第を義家に訴えていた。義家はすぐさま数千騎を率いて、奥羽の山並みへ馬首を向ける。野望への階段を、一歩一歩踏みしめるような気持ちだったろう。

沼館の美酒

米の秋田は、酒のくに。とりわけ、山内杜氏《さんないとうじ》発祥の地・山内村を抱える横手市周辺の酒文化は深い伝統と歴史を持つ。

横手市雄物川町の高台、沼館地区に蔵を構えていた「館の井」は、県南の酒文化の粋を代表する銘柄の一つとして知られていた。「沼舘酒造」（当時）の小柳茂夫常務が語る。

「清原氏の沼ノ柵本丸跡に、どんな干ばつでも水が枯れることのない泉があるんです。〝底なしの沼〟などと呼ばれていますが、わが社も創業当時はそこから水を引いて使っていたそうです。館の井の名の、由来でもありますね」

酒質の良しあしは、杜氏の腕や米の質もさることながら、水にも大きく左右される。「館の井」はこの点で、立地条件に恵まれていた。

地下水は、蔵の南に取り付けた揚水ポンプで、三十㍍《メートル》の深さからくみ上げていた。この水が「淡麗・うま口」と評された「館の井」を生むと同時に、後三年の役前半のヤマ場となった沼ノ柵攻防戦の実態を、解き明かすカギとも見られている。

「蔵の周りは、どこを掘っても川砂が出てくるんですよ」と小柳常務。この砂が地下水をろ過して、酒造りに適した水に変えてくれるのだが、砂は一体どこから運ばれてきたのだろうか。

昭和二十二年七月、秋田県地方は記録的な集中豪雨に見舞われた。当時の雄物川町は、雄物川のはんらんで水浸しになったが、唯一被害を免れたのが沼館地区。つまり、沼ノ柵跡の高台だった。耕地整備が進んだ現在、周辺との標高差はそれほど目立たないが、集中豪雨でも冠水しなかった高台から、なぜ川砂が出てくるのか。

雄物川町郷土資料館（現雄物川郷土資料館）の島田亮三館長が、分かりやすく説明してくれた。

「雄物川の一大支流の皆瀬川は、湯沢市付近で雄物川に合流していますが、江戸時代の河川改修実施前は、沼館の東側をえぐって流れていました。大水が出ると、皆瀬川は一帯に多数の河跡湖をつくり、さらに沼館を分断して雄物川に注いだのです」

その分流の一本が「館の井」の辺りを流れていた。川砂が出るのは当然と言えよう。

分流や河跡湖はまた、天然の要害をもたらした。しかも、周囲は湿地帯。沼ノ柵は後世、織田信長が攻めあぐんだ石山本願寺（大阪）の縮小版とも言える堅固な水城《みずき》だったのだ。

「ですから〝館の井〟の辺りは、柵方の防衛ラインになっていて、相当な激戦が展開されたようです。攻める側は、馬の背状の台地を一列に並んで進まなければならないから、明らかに不利ですけどね」。島田館長は、そう付け加えた。

さて、美酒に酔わないうちに、話を九百年前に戻そう。

応徳三年(一〇八六年)九月、清衡の館を襲って、その妻子や郎党を皆殺しにした清原家衡は、出羽へ逃げると清原氏歴代の沼ノ柵に立てこもった。一人逃れた清衡の訴えを受けて、源義家は家衡を討つべく数千の軍勢を伴い、国府多賀城を勇躍出陣した。

島田館長は、現在の国道108号沿いに鬼首峠を越え、湯沢市の以前雄勝町と言った辺りに出羽入りの第一歩を印した、とみる。湯沢市寺沢の御獄神社に、義家の前途を暗示するような伝説が残っている。神社の前で義家が落馬した、というものだ。

雄勝町(現湯沢市)の郷土史家京野惣一郎さんは、島田館長とは違う説を採る。義家の出羽入りのルートは、宮城県岩出山町(現大崎市)から国道398号沿いに北上し、花山村(現栗原市)を過ぎてから、文字越《もんじごえ》の辺りで秋田県側の皆瀬村(現湯沢市)に下りた。そう考えた方が自然で、雄勝町の義家伝説には従いにくいという。

ともあれ義家は、湯沢市、十文字町(現横手市)を経て、いまは横手市になっている雄物川町八幡野に本陣を構え、沼ノ柵攻めの陣立てを行った。ここから沼ノ柵の前衛陣地である一ノ堀まで、距離は約二キロ。

沼ノ柵攻防

沼ノ柵に立てこもった清原家衡を討つべく、出羽入りした源義家。横手市雄物川町の八幡野に本陣を構えたが、この一帯は志戸ケ池をはじめ幾つもの河跡湖が広がる低湿地帯で、攻め進むには狭い馬の背状の台地を通らなければならない。現在の県道13号、湯沢・雄物川・大曲線が、この道に当たる。

義家軍は地形、地理に疎い。数千の大軍を動かすのは無理な状況だったのだが、義家は沼ノ柵の前衛陣地である一ノ堀を力で攻略しようとした。ときの声を上げながら殺到する義家軍の前に、深い堀割が現れる。「堀があるぞ。押すな」

対岸には土塁が築かれており、家衡勢が弓に矢をつがえて待ち構えていた。堀を前に右往左往する義家軍目掛けて、塁上から雨のように矢が降り注いだ。

雄物川町郷土資料館（現雄物川郷土資料館）の島田亮三館長によれば、沼ノ柵攻防戦はこんなふうにして始まった。

一斉攻撃が終わると、堀の前にはおびただしい数の死傷者が転がっていた。ひるむ義家軍に、

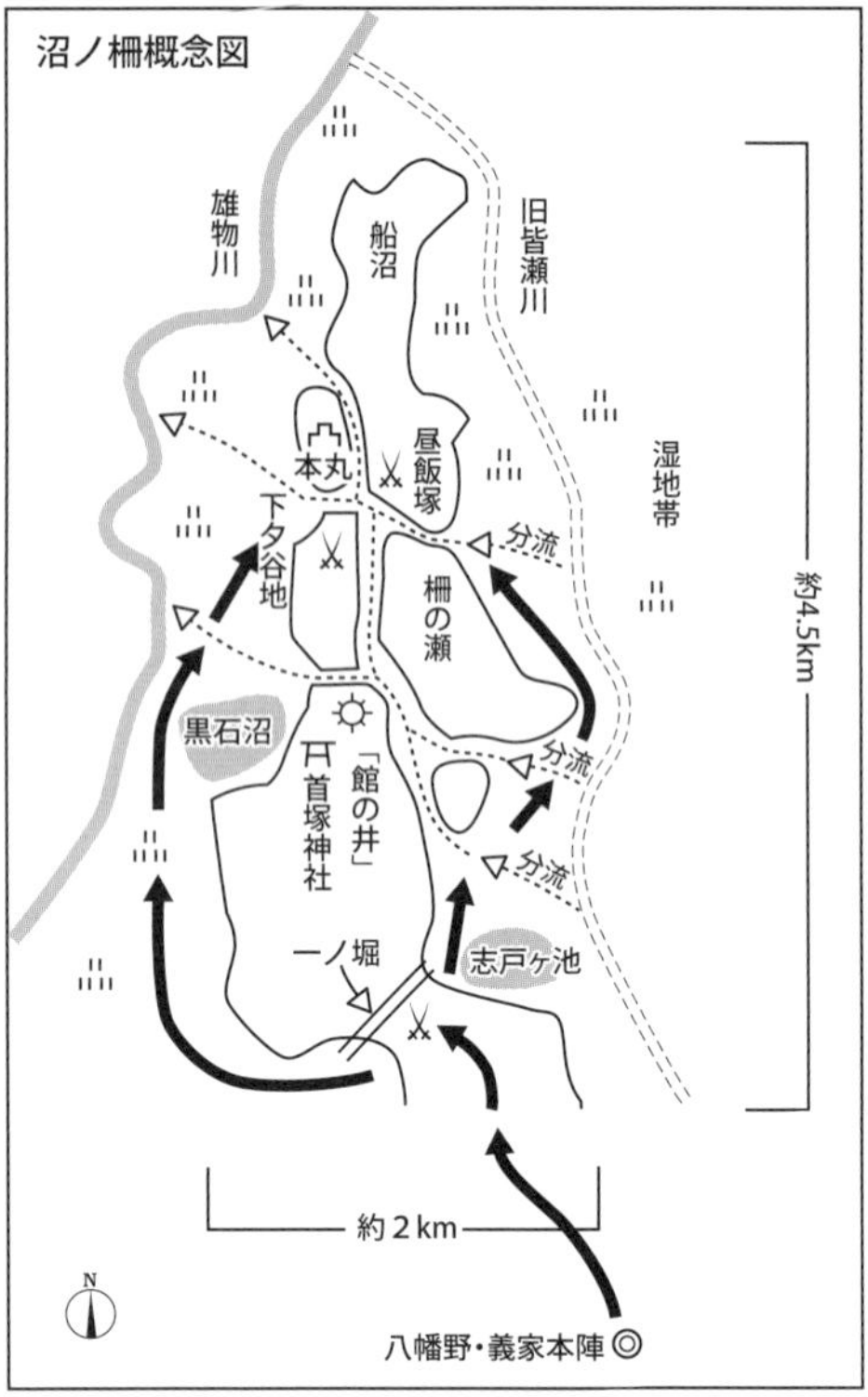

家衡勢がドッと切り込む。「広い志戸ケ池の水面が戦死者で埋まった」。義家軍は、そう伝えられるほどの損害を受けた。

沼ノ柵本丸に程近い昼飯塚や下夕谷地《したやじ》でも、両軍必死の攻防が繰り広げられていた。下夕谷地は、何本かの小さな川が流れる本丸南側の要害。家衡方はここに逆茂木《さかもぎ》（逆さに立てたくい）を並べて、防衛線を構築していた。

義家軍の一隊は、雄物川右岸の湿地帯をしゃにむに北上して、下夕谷地へ迫る。「あれが本丸じゃ。突っ込めーっ」。だが、義家軍が草地だと見て馬を乗り入れた所は、底なしのぬかるみだった。人馬とも動きが取れなくなったところへ、本丸から狙い撃ちの矢が飛んでくる。

一方、皆瀬川沿いに本丸を目指した一隊も、昼飯塚で家衡軍に阻止されて苦戦が続いた。激闘は数時間にも及び、両軍とも腰の兵糧を使いながらの戦だったという。昼飯塚の名称は、これに由来する。

義家軍の率いる坂東武者たちにとっては、得意の騎馬戦に持ち込めないのが痛かった。そもそも、大軍を一度に投入し、決戦を挑めるような地形ではなかったのだ。義家軍は各個撃破され、柵を前に立ちすくむ状態に陥ってしまう。

この年は、冬が早かった。兵士たちにとって、初めて野外で経験する出羽路の雪だった。「前太平記」に「(応徳三年＝一〇八六年)九月末より積雪陣屋の檐《のき》を埋む」と記されている。

大雪の中に数カ月。陣営内は食糧も底をつき、凍死や飢え死にが相次いだ。「康富記」は、軍馬を殺して飢えをしのぐ者が出たり、凍死しかけた兵を義家自ら抱いて温めたりした、と伝えている。

義家軍はやがて、雪の奥羽山脈を越えて陸奥へと引き揚げた。決死の退却行であったに違いない。

戎谷南山

すりガラスの作り出すやわらかな日差しの中に、三巻の絵巻が広げられていく。色彩の精たちが目を覚ます。「王朝絵巻のような」という表現がちらりと頭をかすめるが、そんなものは、画面にみなぎる作者の執念と気迫の前に、すぐにかき消されてしまう。

悲惨な光景がある。合戦のさ中とは思えない、のどかな場面もある。後三年の役のありさまを伝えるこの絵巻物は、古戦場に立つ金沢八幡宮に社宝として秘蔵されている逸品だ。

横手市金沢本町に、終戦のころまで「恵比寿屋」という菓子店があった。

店主の老人は店の裏の小さな囲炉裏のある部屋に寝起きし、土間の前に机を置いてよく絵筆を走らせていた。慶応二年(一八六六年)生まれの老人の名は、戎谷亀吉《えびすやかめきち》。号を南山と称した。

南山翁は、特に仏画が得意だった。優れた作品が金沢周辺の寺院に、何点か残っている。絵の技法は平福穂庵《ひらふくすいあん》(平福百穂の父)に付いて学んだ、ともいわれる。

アイデアマンで、異能の持ち主だったようだ。例えば、翁の作り出したヒット商品に「後三糖」がある。見たところは普通の固型しるこだが、お湯を注ぐと、パン粉でできたふくべがプカリと浮いてくる。源義家の「雁《がん》の乱れに伏兵を知る」の故事から着想を得たという。ふくべを伏兵に引っ掛けたのは、翁一流のだじゃれだった。

画業に関しては、非常に厳しい一面を持った人だったらしい。画室は立ち入り禁止。「不在を見計らって入っても、父にはなぜか分かってしまって、後ですごいけんまくでしかられました」。娘の斎藤ユキさん(九〇)は、そう語る。恐らく、ライフワークとなった「奥州後三年合戦絵詞」の写本の制作に掛かっていたころの話だろう。

南山は明治三十四年ごろから数度上京し、帝室博物館に通った。池田本の「絵詞」を見るためだった。南山は昭和十五年、七十四歳になるまでに、一四・四《メートル》の絵詞を五本完成させている。うち二本は、後三年の役の発端から、沼ノ柵の攻防までを題材にした全くの南山オリジナル。残る三本が、池田本を写した金沢八幡宮の社宝で、金沢柵(横手市金沢)攻防戦が主題だ。

このように、本業、画業とも、後三年の役に打ち込んだ南山翁だったが、もう一つ忘れてはならない業績に古記録の収集が挙げられる。翁は地域に残る口碑伝説はもとより、旧陸軍が作製した検証記録などからも取材して、他に類を見ない貴重な資料を残している。

さて、戦の場面は沼ノ柵から義家が引き揚げた後、金沢柵に移る。金沢柵攻防の様子は「奥州後三年合戦絵詞」の正史を縦糸に、南山が収集した〝野史〟を横糸に絡ませてみると分かりやすい。

義光参陣

「出羽の沼ノ柵で義家苦戦」のうわさは、戦があった応徳三年（一〇八六年）九月のうちに京の都へ伝わっている。朝廷は慌てて善後策を練った。奥羽の不穏が続けば、掛け替えのない砂金の上納も途絶えてしまうからだ。実際、義家はこの後、合戦にかまけて税の徴収など公務の一切を放棄してしまった。

義家の弟の加茂二郎義綱を援軍に送るべし、との議論もあったが、これは立ち消えになった。この年の十一月、宮中で「大事件」が発生し、出羽への援軍どころではなくなったのだ。白河天皇がにわかに、わずか八歳の善仁親王（堀河天皇）に譲位し、自らは上皇となったのであった。史上有名な白河院政の始まりだった。藤原摂関家は力を失い、長年、藤原氏の武力となってきた源氏も嫌われた。ここで台頭してくるのが、後に平清盛を出した伊勢平氏であった。

奥州にいる義家には、そうした状況の変化が分からない。命からがら沼ノ柵から戻ってくると、国政をなげうって戦力強化に努める。家衡打倒しか念頭になかった。

このころ、出羽の家衡の身辺にも変化があった。父武貞の弟で、陸奥南端の要衝・勿来関周辺を領する武衡が、軍勢とともに沼ノ柵へ加勢に駆け付けていた。

武衡は、家衡が義家を破ったのをわが事のように喜んだ。「いまにおいては、われもともに同じ心にて屍《しかばね》をさらすべし」(「奥州後三年記」)と決意を述べて、おいの家衡と家来たちを勇躍させる。

義家が大軍を動かしたのは、翌応徳四年改め寛治元年(一〇八七年)の秋九月だった。義家軍にとっては、三度目の奥羽山脈越えである。家衡は、現在の湯沢市川連《かわつら》町に梶美作守《かじみまさかのかみ》を配し、進路を妨害しようとしたが、たちまちけ散らされてしまう。

義家軍は現湯沢市岩崎の千年公園付近に陣を張り、胆沢川をさかのぼって出羽入りした清衡軍と合流。沼ノ柵攻めの軍議を行った。

そんなときであった。義家の末弟で、京の都にいるはずの新羅三郎義光《しんらのさぶろうよしみつ》が突然、義家の陣中に現れた。「何、三郎が参っておると」。訳を尋ねると、都で戦のうわさを伝え聞いて義家に助力したいと願い出たものの許されず、左兵衛尉《さひょうえのじょう》の職を捨てて急ぎ下って来たという。

「奥州後三年合戦絵詞」に、兄弟の感激の対面が描かれている。郎党たちがコイやキジの料理を用意するとともに、陣幕の前に座って、二人の会話にジッと耳を傾けている。

義家は知勇にたけた弟を見詰めながら、「そなたが参陣してくれたことは、亡き父上が生き返ったように頼もしく思える」と、涙をぬぐった。そして、高らかに宣言する。「義光が副将軍として参陣したからには、家衡、武衡の首は、われらの手中にあるも同然だ」

陣中の士気は大いに上がったのだが、義家の元に意外な報告が届いた。敵は沼ノ柵にわずかな守備兵を残し、主力は沼ノ柵から北東へ四里（約十六キロ）の金沢柵に入った、というのだ。

義家の軍略の師である大江匡房《おおえのまさふさ》の家系に伝えられたとされる「後三年役略図」によると、義家はやむなく軍勢を三隊に分ける。

一隊は十六歳の若武者鎌倉権五郎景正（政）が率いて、浅舞（横手市平鹿町浅舞）方面へ。義家の本隊は沼ノ柵正面から攻め、義光隊は雄物川西岸から清原の各陣地を抜いていく作戦だった。どの隊も、目指すは金沢柵であった。

景正の奮戦

源義家が湯沢市の岩崎付近で数万の軍勢を三隊に分け、清原勢を求めて進撃を開始したのは、寛治元年（一〇八七年）の九月末だったと思われる。

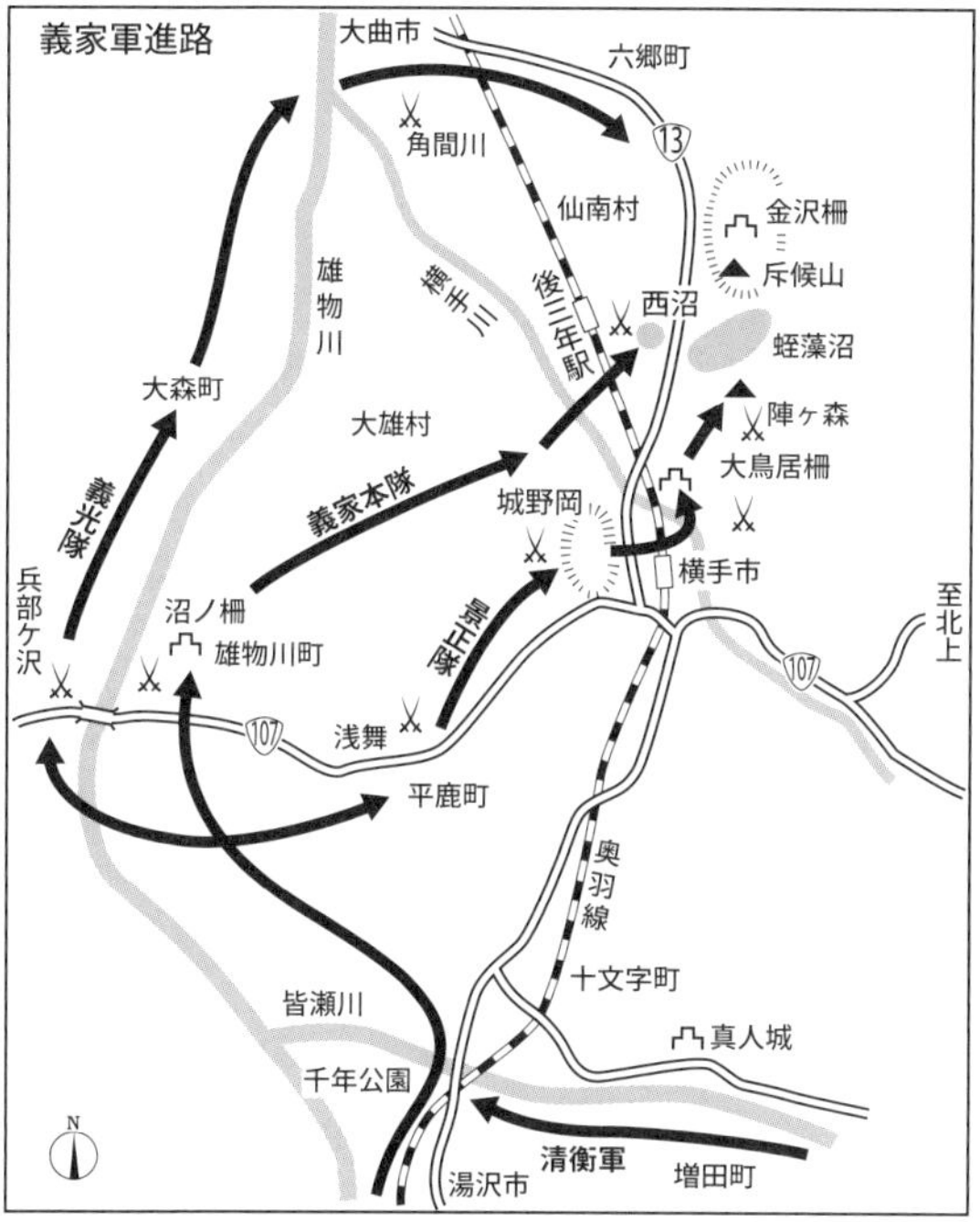

鎌倉権五郎景正(政)隊は、進路を横手市平鹿町浅舞から北東方向に取った。「後三年合戦略図」によると、途中、清原方の浅舞刑部を撃破。横手市南西部の丘陵地(城野岡)一帯で、かなりの激戦を経た後、三本柳、横手市八幡を攻略、兵を大鳥山城(大鳥居柵《おおとりいのさく》=横手市大鳥町)に進めた。

ここは、清原家衡の祖父武則の兄・光頼の居城と伝えられるところで、後三年の役当時は光頼の子の頼《より》遠《とう》が入っていたとされている。南と西に横手川をめぐらした屈強の城だった上、周辺一帯の農民たちも応援に駆け付け、激烈な抵抗戦が繰り広げられた。

義家の本隊は、前年苦杯をなめた沼ノ柵へ向かった。家衡と叔父の武衡をはじめ、主力は金沢柵へ移動し、沼ノ柵には少数の守備兵がいるにすぎない。

それでも、玉砕覚悟の清原兵は激しい抵抗を示す。まず、前年に義家軍をさんざん痛め付けた一ノ堀の陣地で、攻防が始まった。

兵力差にものを言わせ、損害を顧みずに攻め寄せる義家軍。清原兵もよく戦ったが、総大将不在の戦闘では、おのずと限界がある。次第に押され気味になり、やがて多数の死傷者を出して陣地は壊滅。

戦場は首塚《こうべづか》の第二陣地に移り、清原方は新手を繰り出して必死の防戦を試みる。しかし、兵力差はいかんともし難く、首塚、本丸ともに敵の手に落ち、沼ノ柵の戦いは終わりを告げた。

一方、大鳥山城を抜いた景正隊は、既に金沢柵南端の陣ケ森を奪って、ここに陣を張っていた。次の攻略目標である斥候山《ものみやま》を目指す構えだったのだ。

猛将景正は、義家の着陣を待たずに金沢柵に挑みかかる。柵から陣ケ森までおよそ三キロ。景正の無謀な行動は、清原方には手に取るように分かった。

「奥州後三年合戦絵詞」に描かれている通り、金沢柵は切り立ったがけに囲まれた屈強の山城。景正軍は盾を並べて攻め寄せたものの、雨のように降り注ぐ矢と石弓の前に大損害を被る。

ひるみがちな味方を勇気づけようと、景正は陣頭に立った。柵から放たれた矢が景正の右目に当たったのも構わずに奮戦。後に、討ち取った清原兵を金沢柵の一角に葬った。ここは「景政功名塚」の名で、現在も子供たちの遊び場になっている。

景正は、同じ相模（神奈川県）出身の三浦為次に介抱され、柵の下を流れる厨川で傷口を洗った。川の水は血で染まり、流れにすむカジカはみな片目になったという。

事実、不思議にこの川のカジカには、片目のものが多い。しかも、景正と同じ右目のつぶれたものが大半だというのも、どこか因縁めいている。

雁行乱れる

源義家の本隊と別れて雄物川西岸を行く弟の新羅三郎義光隊は、雄物川を挟んで沼ノ柵と連携する兵部ケ沢（横手市雄物川町矢神）の清原軍陣地を攻略。さらに横手市大森町を通過して、角間川（大仙市角間川町）まで北上した。ここで若干の抵抗を受けるが、義光は物ともせずにさらに馬を進める。

大仙市藤木、美郷町北部を経て、飯詰山に至る。金沢柵をほぼ真東に望むこの山は、名前が示す通り、義家軍の補給陣地が置かれたところとされている。

沼ノ柵を攻略した義家の本隊は横手市大雄、同市北西部を経て、美郷町山本地区へ進攻した。一帯は飯詰山まで続く南北二キロほどの丘陵地帯で、清原軍の防衛ラインになっていたらしい。この防衛ラインの南端が大森山で、山ろくには西沼の水面が広がっている。進撃する義家軍に痛打を与えるには、格好の場所だった。

義家が郎党とともに、西沼の東側に差し掛かった時だった。雁《かり》(ガン)の群れが義家の頭上を飛び越え、西沼の水面に舞い降りようとした。ところが、群れはにわかに隊列を乱し、四方に散ってしまった。

馬上でこれを認めた義家の脳裏に、兵書の言葉が浮かんだ。「兵、野に伏す時は雁、つら(列)を破る」。さすが、というべきだろう。

「あれに、伏兵がおるやも知れぬ。探索してみよ」。郎党たちは命じられるまま、ススキの原に分け入ってみた。すると、案にたがわず、三十騎ほどの清原兵が弓に矢をつがえ、刀を握り締めてススキの穂の陰に潜んでいた。

「一兵残らず討ち取れーっ」。義家方は獲物を前にした猟犬のように、ススキの原に殺到する。清原兵も選び抜かれたつわものぞろいだったが、義家軍の猛攻には耐え切れず、ついに全員が討ち死にを遂げた。

義家は前九年の役の後、高名な儒者の大江匡房に付いて、兵学を修めていたといわれる。それが実戦の場で、役立ったのであった。

結髪従軍弓箭雄　八洲草木識威風
白旗不動城中静　立馬辺城看乱鴻

（けっぱつ従軍きゅうせんの雄／はっしゅうの草木威風をしる／はっきは動かず城中静かなり／馬を立てて城のほとりにらんこうをみる）

江戸後期の詩人頼山陽は、こんな七言絶句を詠んで、義家の機略をたたえた。義家が雁の乱れを望見した丘は現在、頼山陽の詩にちなんで立馬郊《りつばこう》と呼ばれ、桜やツツジの美しい公園となっている。

秋田県自然保護課の話では、県内へのガン、カモ類の渡りの最盛期はおおむね十一月初旬ごろ。旧暦では、九月の中旬から下旬に当たる。金沢柵攻めの時期も、このことからある程度推測できるだろう。

義家は軍勢をまとめてやや南へ下がり、横手市北部の御所野に本陣を設営した。寛治元年（一〇八七年）の初冬のころであった。

兵糧攻め

源義家は寛治元年(一〇八七年)の初冬、金沢柵に程近い西沼のほとりで清原方の伏兵を撃破し、金沢柵攻めの本営を御所野に設営した。

同盟軍の清原清衡は、西沼周辺の大森山、湯ノ森、鞍掛山などの丘陵地帯から清原勢力を一掃。幅一キロ余りの野原を挟んで、金沢柵に対峙した。

新羅三郎義光もまた、飯詰山から柵の北側へ兵を移動させ、ここに金沢柵包囲網が完成した。包囲軍の中には吉彦秀武をはじめ、義家の息の掛かった豪族も何人か含まれていた。包囲軍の総数は二万とも言われている。

対する柵内の清原ろう城軍は、清原家衡、武衡以下どんなに多く見積もっても三千人といったところ。しかも、兵士の家族たちも多数含まれている。実際の戦闘に耐えられるのは、せいぜい半数程度のものだった。

包囲網の完成以前に、ろう城軍は鎌倉権五郎景正(政)隊の猛攻を受け、これをしのいでいる。少数の守備兵で柵を持ちこたえることができたのは、清原兵の勇猛さもさることながら、柵自体の堅固さによるところが大きかった。

岩手大の板橋源名誉教授らが昭和四十二年にまとめた「金沢柵発掘調査概報」では、金沢柵は沼ノ柵に比べて「勝敗の命運をかけた決戦拠点たるにふさわしい、実戦向きの柵」と評されている。理由は「高峻《こうしゅん》(高くて険しい)な立地条件」にあった。

柵の推定面積は約六十ヘクタール《へクタル》に及ぶ。しかしながら、柵の跡地(金沢公園)を見るとよく分かるのだが、人が住める平地はごくわずかな面積だけで、大部分が斜面とがけになっている。

概報が指摘するもう一つの見逃せないポイントは前九年の役で城柵攻めの経験を豊富に積んだ義家にとっても、こんな山城タイプの柵は初めてだったということだ。すなわち、義家には、金沢柵攻略の方法が分からなかったのだと見てよい。

しかも、要所にはやぐらや空堀があり、連日の猛攻にも柵はびくともしなかった。逆に包囲軍は頭上から矢で射立てられ、柵に接近すれば石弓が降ってくるという具合で、次々死傷者が出るありさま。

義家が重用した勇者の伴助兼《とものすけかね》は、せっかく拝領した源氏代々の「薄金《うすがね》のかぶと」を石弓に吹っ飛ばされ、泣く泣く引き揚げてきた。

義家は「剛臆《ごうおく》の座」という制度を設けて配下を督励した。その日の働きが目覚しかった者を上座に座らせてぜいたくな食事を与え、さほどの軍功を挙げ得なかった者を下座に遠ざけて、臆病者として辱めるのだ。こうでもしなければ戦にならないほど、柵方の抵抗は激しかった。

そんな折、後三年の役の火付け役である吉彦秀武が、義家の本陣へやって来た。「奥州後三年合戦絵詞」によれば、秀武は「力ずくで攻めても城の守りは堅く、攻略はおぼつかない。最良の方法は、糧道を断って自滅を待つことだ」と、義家に進言する。

義家は秀武の策を採用し、包囲を一層厳重にした。これがわが国初の「兵糧攻め」ではなかったか、という説もある。

秀武に、家衡への恨みの筋があるとは思えない。それどころか、真衡に攻められて危うかったところを助けてもらった恩義があったはずだ。なのに、この清原一族の重鎮の行動は、どう解釈したらよいのだろうか。

「本来なら、真衡亡き後は家衡をもり立てていかなければならない立場ですよね、秀武は。私には、秀武は義家の力を借りて清原宗家の乗っ取りを図ったんじゃないかと、思えてならないんです」。そう語るのは、横手市文化財保護委員で郷土史家の伊藤金之助さんだ。秀武もやはり〝野望の人〟だったのか。

女あり

清原家衡、武衡らがこもる金沢柵を包囲した源義家の軍勢。その中で、最も柵に接近して陣を構えたのは、義家の弟の新羅三郎義光だった。

義光は厨川が流れる盾石《たていし》（立石などとも）に進出し、柵の北側を封鎖した。柵から声を掛ければ、義光の耳に届くほどの距離だった。

横手市文化財保護委員の伊藤金之助さんによれば、柵内にいる武衡は腹の中がよく分からない人物だった。横手市金沢地区や美郷町の一部に、武衡絡みの面白い伝説が残っている。柵方の副将格だった武衡が、包囲軍の副将の義光に接近を図ったというのだ。

その手段は何と、義光に「女性を贈る」ことだった。どの国でもそうだが、古代社会では女性は「人類繁栄の基」として大切にされ、地位も高かった。婚姻の形態も女性側を尊重した「妻問い婚」。妻の元に夫が通い、子供ができれば妻がこれを養育するというやり方で、あの藤原摂関家の権力の秘密の一端も、妻問い婚にあった。

藤原氏出身の皇后が皇子を生むと、皇子は母方の里、つまり摂関家で育てられることになる。

皇子が即位しても、摂関家の意向を尊重するのは当然のことだった。

ところが、義家たちが活躍したこの十一世紀中ごろから、世の中は父系制社会に移行し、結婚も「妻取り婚」が一般化する。宮中でも摂関家の発言力は弱まり、藤原氏と母方の親類のつながりがない後三条帝の即位などもあって、政治の実権は天皇家に移る。

このように、女性、特に皇后を含めた「妻」たちが、政治に与える影響は小さくなかった。武衡が義光に「贈った」女性も、武衡の大切な妻の一人であったろう。

武衡にしてみれば、〝貸し〟を作った積もりだったに違いない。義光ほどの武将が敵の女性を陣中に引き込むなど、不可解な感じもするが、彼は結局、武衡の〝好意〟を受けた。

強硬派の家衡と違って、老巧な武衡には戦の行方が読めていたのだろう。沼ノ柵から金沢柵へ移ることを家衡に勧めたのは武衡だったが、義家が兵糧攻めに出ることなどは考えてもいなかった。金沢柵は平地が少なく居住性も悪いだけに、大軍に十重二十重に包囲されてしまえば、遠からず落城の憂き目を見るに決まっている。

「いずれ終戦工作が必要になる。それには、相手方の有力者にわたりを付けておくが肝要」。ターゲットに据えたのが、目の前に布陣している義光だったわけだ。

美人の里・秋田県の中でも、横手など県南部は特に美人が多いとされている。世界三大美女の一人に挙げられる小野小町も、県南の湯沢市出身。後に義光は武衡の弁護者になり果てて、兄義家から「この不心得者め」とば声を浴びせられるのだが、義光をコロリと参らせてしまうとは、どんな女性だったのだろうか。

金沢柵北側の丘陵地帯に、老女山《ばばさやま》の地名が残っている。後三年の役が終わると、武衡は斬首となり、義光は京へ帰った。けれど、くだんの女性は義光に連れられて京へ上ることもなく、山中にいおりを結んで一生を終えたという。

捨てられたのだろうか、などという勘ぐりはやめて、武衡のぼだいを弔うためこの地にとどまったのだ、と解釈しておこう。さもないと、工作の「道具」に使われた女性があまりにも哀れだ。

さて、話を再び寛治元年(一〇八七年)の冬に戻そう。包囲されてから、まだひと月ほどしかたっていないというのに、柵の中は食糧が尽きかけていた。準備不足がさらけ出されたのだった。武衡の対義光工作が一層活発化する。

落城近し

金沢柵が、源義家軍の厳重な包囲を受けて一カ月余り。食糧の尽きかけた城中では焦りの色が広がり、士気も衰えるばかりであった。

「奥州後三年記」によるとそんなある日、城内のやぐらの上に登り、義家に向かってひと際大きな声を張り上げた男がいる。清原家衡の乳母の息子藤原千任《ふじわらのせんとう》(ちとう、とも)だった。

「義家、ようく聞け。お前の父頼義は(前九年の合戦の折)、安倍貞任、宗任らを平らげることができず、今は亡き(清原)武則将軍に名簿《みょうぶ》(家来になる印の書き付け)をささげて、加勢を願った」

「頼義は将軍の力添えで、貞任らを打ち得たのだ。いわばお前は、清原の家人なのに、その恩を忘れて主君筋の清原一統を攻めるとは、一体どういう了見か」

前九年の役で苦境に陥った頼義は、清原一族の助勢を仰ぐため、臣下の誓いまで立てて説得工作を展開した。千任はそのときのことを、痛烈に皮肉ったのだ。

当時、頼義の命で清原工作に当たったのは義家であった。それだけに、あの屈辱的な記憶は、今も胸中のわだかまりとなって残っていた。奥羽制覇の野望も、出発点はここにあると言ってもよい。「あの千任めを生け捕りにする者があるなら、余はその者のために命も捨てようぞ」。怒りの義家は、そう言い切る。

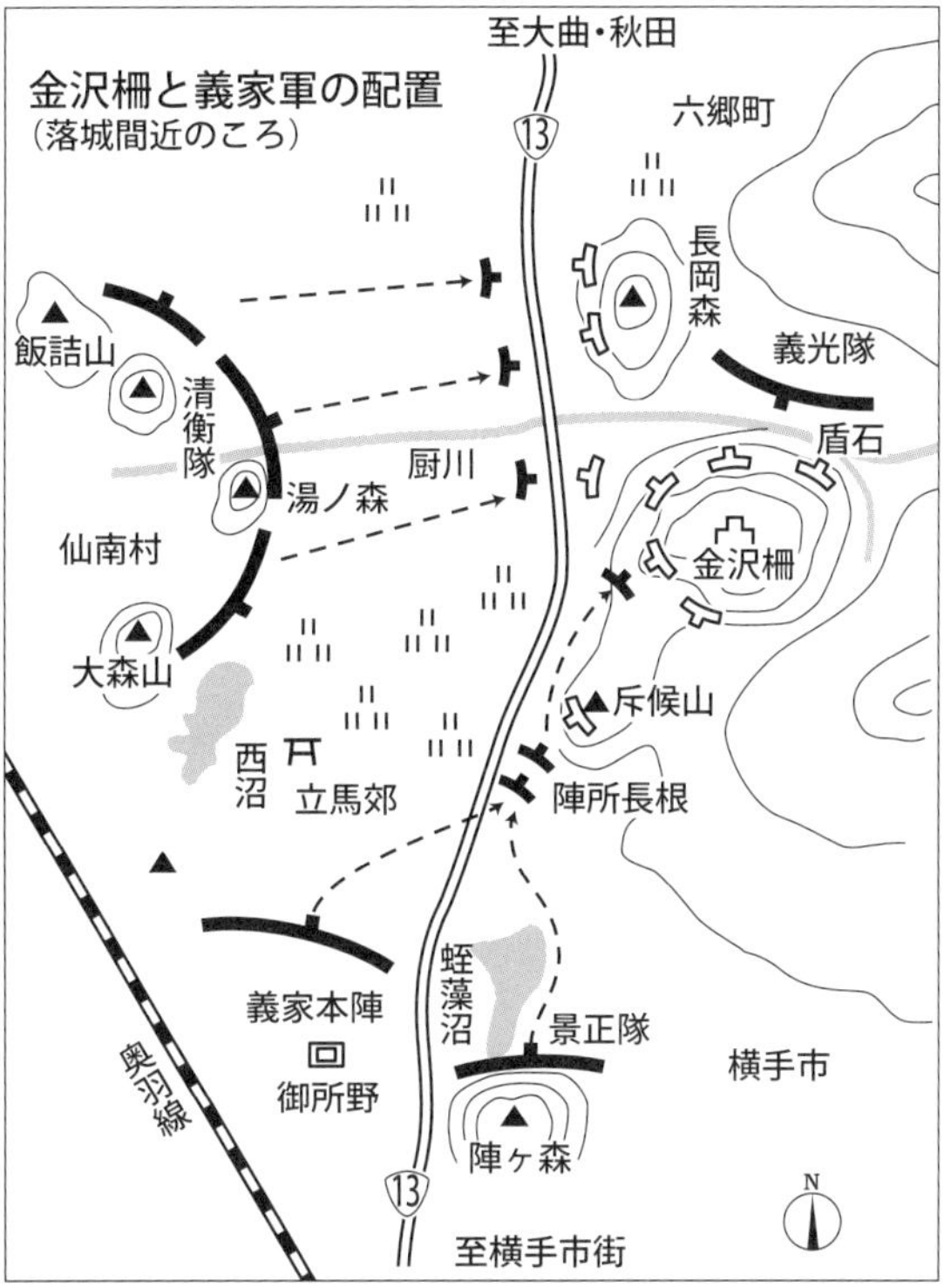

やがて、柵の中は悲惨な状況を呈し始めた。「館のうち食つきて、男女みななげきかなしむ」と「奥州後三年合戦絵詞」は記している。柵方の副将清原武衡は、新羅三郎義光を通じて義家に降伏を申し入れた。

義光は武衡に、女性を世話してもらった〝借り〟がある。さらには、金沢柵から声を掛ければ耳に届くほどの距離に滞陣するうち、策士の武衡にさまざまな形で丸め込まれていたのであろう。

義光は、何とかとりなしてやろうとした。が、義家は許さない。武衡は義光の手引きで柵を出ようともした。義家はこれを耳にすると、怒りの色を満面に浮かべ、口を極めて義光をののしった。

武衡はなおも、しぶとく粘る。結局、一度だけ降伏の交渉が持たれたが、不調に終わった。義家には降伏を受け入れる積もりなどさらさらなく、柵方も主将の家衡が、交渉自体に反対の姿勢を取ったからだ。

飢えに苦しんだ女子供が次々、柵から脱落していった。義家軍は当初、これら非戦闘員の投降を見逃してやっていたが、吉彦秀武は「殺すべし」と主張する。柵の人口が多いほど食糧の減り方が早く、陥落の時期も早まる、というのだ。義家はこの意見を採用し、投降者を皆殺しにした。

もはや、山を下りようとする者はいなくなった。

千任の悲劇

家衡・武衡の清原勢が立てこもる金沢柵は、源義家・清原清衡の連合軍に包囲されたまま食糧も尽き果てて、落城寸前に追い込まれていた。寛治元年(一〇八七年)十一月十四日の夜、義家は従者の少年藤原資道《ふじわらのすけみち》を起こすと、断言してみせた。「金沢柵は今夜中に落ちる」と。

義家は資道に命じて、義家軍の兵士たちが寝起きしている仮屋をすべて壊させる。さらには無数のたきぎを燃やし、兵士たちに暖を取らせた。

翌未明、義家の予言通り、柵の中に火の手が上がる。家衡、武衡らが「もはやこれまで」と、自ら柵に火を放ったのであった。柵はたちまち猛火に包まれ、女や子供が悲鳴を上げながら右往左往し始めた。外へ逃れ出た者たちは、源氏の武者に皆殺しにされた。義家軍は柵内に躍り込み、清原の残党を探し出しては片っ端から切って回る。

安倍氏滅亡の日の厨川柵の惨劇と同じ光景が、二十数年を経て再び、清原氏の側にも展開されたのだ。「にぐる者は千万が一人なり」と「奥州後三年合戦絵詞」は伝えている。

清原軍の副将・武衡は、柵の南の蛭藻沼《びるもぬま》の水中に潜んでいるところを捕らえられ、義家の前に引き据えられた。武衡は顔を地に擦り付け、「もう一日の命を」と哀願する。義家のそばに控えた新羅三郎義光にも、命ごいを重ねた。義光は「降人を許すのも武士の道」と訴えたが、義家はせせら笑って首をはねさせた。

続いて、藤原千任が連行されてきた。

「千任よ、先日やぐらの上で何かわめいておったな。ここで同じことをもう一度申してみよ」。義家は「清原の家人同然」とののしられた恨みを、晴らそうとしたのであった。千任は顔面を伏せて、何も言わない。

「よし、何も言わぬのなら、舌を引き抜いてやろう」。その言葉に応じて、配下の一人が千任の口に手を差し入れようとした。と、義家の鋭い声が飛んだ。「待て。手負いのトラのような男の口に、素手を入れようとは。愚か者め」

矢や弓の修理に用いる金ばし(やっとこ)が用意された。千任は必死に歯を食いしばって抵抗したが、義家の配下は金ばしで歯を突き破り、血だらけの口から舌を引き出した。

その後で、千任は縛り上げられ、立ち木につるされた。足の下には、武衡の首が置かれる。「足を上げていないと、主の首を踏むことになるぞ」

武衡の首を踏むまいと、空中で足をばたつかせる千任。その姿には、前九年の役で義家の父頼義に惨殺された藤原経清に重なるものがある。

千任もついには力尽き、主君の首を踏む。それを見た義家は「これで、昨年来の恨みも晴れたわい」と快さいを叫んだ。

討ち取られた清原兵の首が、次々と本陣に運ばれてくる。その後を、兵士の妻たちが泣きながら引き立てられて行く。いつもながら、敗者は哀れなものであった。

やがて、家衡の首も運ばれてきた。家衡は商人姿に身を変えて、柵の北の長岡森を伝って落ち延びようとしたところを、縣小次郎次任《あがたのこじろうつぐとう》なる豪族に発見され、矢を浴びせられたのだった。喜んだ義家は、手ずから次任に紅の絹と豪華なくらを置いた馬を与え、功に報いた。

義家の本陣には、柵方の主だった者四十八人の首が掛け渡される。後三年の役のピリオドであった。

火祭り

堅い守りを誇った金沢柵も、寛治元年(一〇八七年)十一月十四日、ついに落城した。「奥州後三年合戦絵詞」に「にぐる者は千万が一人なり」と記された惨状の中で、清原氏の一統はことごとく切り捨てられた。

柵方の副将・清原武衡の末弟時衡《ときひら》がただ一人、逃亡に成功し、出羽の羽黒山に隠れたと言われている。真衡の養子となって、清原宗家を継ぐはずだった海道小太郎成衡は、源氏の軍勢とともに金沢柵攻めに参加し、戦死を遂げた、とされている。

奥羽に一時、安倍一族以上の勢力を誇った清原氏は、ここに事実上滅んだ。

前九年の役が清原武則という出羽の名将の手で勝敗が分けられたように、この後三年の役も、老将吉彦秀武が勝敗のカギを握っていたような印象が強い。兵糧攻めを献策したのは、秀武だったのだから、やはり、エミシを倒す者はエミシでしかなかったのだろうか。

勝利を収めた源義家は、軍勢をまとめて沼ノ柵に引き揚げた。柵の中には、二百八十年以上前の征夷大将軍坂上田村麻呂ゆかりの首塚《こうべづか》がある。義家は、敵味方の死者八百九十人を塚に葬って送り火をたき、勝どきを三度上げたという。

首塚神社には現在も、刈り入れの節句(旧暦九月二十七日)に境内で、稲わらを燃やす風習が残っている。後三年の役で果てたあまたの霊を慰め、農作業を無事に終えたことを天に感謝するのだ。

国府多賀城へ帰り着くと義家は早速、上奏文の作成に取り掛かった。後三年の役の実態は、源氏の奥羽支配を目的とした干渉の戦にほかならない。これを正当化するためには〝朝廷の命令による追討〟の形式を、急いで整える必要があった。

「武衡・家衡が謀反、すでに(安倍)貞任・宗任に過ぎたり。わたくしの力をもって、たまたまうち平らぐる事を得たり。早く追討の官符をたまはりて、首を京へたてまつらん」(「奥州後三年合戦絵詞」)

やがて、朝廷から返書が届いた。が、それは、義家が期待したような甘い内容のものではなく、追討の官符も出されなかった。義家は上奏文の中で、自ら「この乱をわたくしの力で」収めた、と書いてしまっている。朝廷、つまり白河上皇は、この戦を「私戦」とみなした。

もっとも、朝廷にしてみれば、官符を下せば恩賞のことも引っ掛かってくるのだ。義家はまた、それをいいことに、奥羽の在地勢力の上に覇を唱えてしまうであろう。

「私兵をもって奥羽に乱を起こすとは、不届きである。速やかに上洛し、釈明せよ。陸奥守は解任とする」。白河院は、義家ごときにだまされはしない。合戦の真相を既に見抜いており、追討官符の代わりに召喚状を突き付けたのであった。

学習院大の安田元久前学長は、著書「源義家」の中で次のように指摘している。

「義家が後三年の役を鎮定した寛治元年は、院政という新しい政治形態が生まれた時期である。院政の目的の一つが藤原摂関家の権威の抑制にあったことは言うまでもないが、ちょうどそのような時期に、摂関家の爪牙《そうが》としての源氏が、その武威を極端なまでに耀《かがや》かし、その家長たる義家が最盛期を迎えるに至ったことに注意しなければならない」

武力は政治力にも通じる。白河院は藤原氏の勢力をそぐ手段として、その家人たる義家をたたいたのだった。義家が奥羽で過ごした五年の間に、世の中は大きく動いていた。

都の義家

「清原家衡、武衡らの反乱を鎮圧した。追討の官符をいただきたい」。「中右記」「百錬抄」などによれば、このような内容の源義家からの上奏文が都に届いたのは、寛治元年(一〇八七年)の十二月二十六日だった。

折り返し朝廷から発せられた〝召喚状〟に従って、義家とその軍勢が都へ引き揚げたのは、翌寛治二年の春のころだったであろう。「奥州後三年記」には「(義家は家衡らの)首を道に捨て、むなしく京へ上りにけり」と記されている。

義家にとって五年ぶりの京の都は、決して居心地のよいものではなかった。まず驚かされたのが、弟の加茂二郎義綱の〝躍進〟ぶりだった。義家が奥羽にいる間に、義綱は藤原摂関家の警護を一手に引き受け、侮り難い勢力に成長していた。義家が朝廷ににらまれているのに対して、義綱は貴族たちの受けもいい。

寛治五年(一〇九一年)六月、義家と義綱との間に一触即発の険悪な空気が流れた。事の起こりは、家臣の間の所領争いにすぎなかった。ところが、両者とも武門の統領の面目をかけて、兵を集め始めたからたまらない。

これがどこか遠国での出来事なら、朝廷も「源氏の勢力を弱める絶好の機会」として、黙って見ていたかもしれない。だが、京の都での確執というのは、いかにも場所が悪かった。貴族たちはもちろん、庶民まで大騒ぎとなった。

源氏の主筋に当たる関白藤原師実《ふじわらのもろざね》が両者の間を走り回って、合戦には至らなかったものの、義家への風当たりは強まる一方。朝廷は、諸国の農民が義家に田畑を寄進することを禁止し、さらには、義家が設けた諸国の荘園を差し止めてしまった。義家の経済力を弱めるためにほかならない。

一方の義綱には、何のとがめもなかった。朝廷も武力を必要としている。例えば、行列の警固を頼み、僧兵たちの乱暴に対抗するためには、源氏の力を頼る以外なかったのだ。

義家の不遇は、なおしばらく続く。「(後三年の)役での戦功を認める。正四位下に叙し、院への昇殿を許す」。そんな朗報が義家の元にもたらされるのは、役の終結から十一年後の承徳二年(一〇九八年)のことだった。

学習院大の安田元久前学長は、著書の「源義家」の中でこの行賞について「義家の不満を解消し、同時に院政のために義家の武力を利用し続けることを、意図した上での決定だった」と述べている。朝廷の意のままにはならないほど力を付けた義綱への、けん制の意味もあったのだろう。

人の世の浮き沈みは計り難い。三年後の康和三年(一一〇一年)七月、幾多の戦場を往来してきた六十三歳の老将義家が、腰を抜かすような事件が起こる。対馬守として九州にいた嫡男の義親《よしちか》が、朝廷に反旗を翻したのである。

義親は説得に赴いた義家の腹心まで抱き込んで、勢いを強めるばかり。加えて東国では、義家の弟の新羅三郎義光と三男の義国とが、叔父とおいの間柄で合戦を始める始末だった。

朝廷は義親追討を、義家に命じようとした。あわや親子の戦になりかけたのだが、嘉承元年(一一〇六年）に義家が死去したため、最悪の事態だけは回避される。白河院の命を受けた平正盛（清盛の祖父）が義親を討ったのは、嘉承三年の一月であった。

武門の中心は平家に移る。ところが、このころから正盛に討たれたはずの義親が、あちこちに出没し始める。果ては、偽の「義親」同士が合戦に及ぶという事件まで起きた。人々はなぜ、義親を〝復活〟させようとしたのか。

安田前学習院大学長は「名将義家の幻影を嫡子義親に投影させながら、人々が源氏全盛のころを懐かしんだ結果」だとみる。

義家願望は脈々と受け継がれ、武家政権という大河に成長していく。忘れてならないのは、その源流が前九年、後三年の両役から生じたということだ。

納豆ロード

ホカホカご飯に、みそ汁と納豆。朝食はこれで十分、という人も多いだろうが、現在、われわれが食べている納豆の起源は、源義家と大いに関係があるとされている。

後三年の役で、清原家衡・武衡が立てこもった沼ノ柵を義家らが攻めたのは、応徳三年(一〇八六年)の秋のころからだった。家衡勢の思わぬ抵抗に遭ってたじろぐうち、寒波と補給難がやってきた。

飢えと寒さで死亡する兵士が続出し、生き残った者も軍馬を食いつぶして露命をつなぐありさまだった。義家軍は自滅さながらの大敗を喫し、雪の奥羽山脈を越えて国府多賀城へ命からがら退却した。

そんな状況の下で納豆は生まれた、という。一説では、俵に詰めた馬のえさの大豆が雪で湿り気を帯び、馬の体温で温められて発酵したのだとされる。飢えた兵士たちのことだ。ねっとりと糸を引く大豆を、手づかみでむさぼり食ったことだろう。

同様の伝説は、岩手県にも残されている。こちらの舞台は前九年の役の衣川柵攻防戦であった。

さて、納豆づくりは〝発祥地〟の秋田県南地方にしっかりと根を下ろしている。秋田県美郷町に本社を置くヤマダフーズの山田清繁社長は、「納豆が伝播《でんぱ》した経路をたどっていくと、義家の軍勢がやって来たルートと一致するんですよ。私はこれを〝納豆ロード〟と呼んでいるんです」という。

確かに、栗原、仙台、相馬、水戸各市と、北へ向かう街道沿いには納豆の産地が数珠つなぎになっている。義家の故郷の京都地方には「丹波の山国納豆」。九州の日田(大分県)や熊本も納豆で有名だが、こちらは前九年の役の後に北九州の大宰府に流された安倍宗任が製法を伝えたものといわれている。

馬の背中で生まれた、と伝えられる納豆も、現在では精密機械工場のような環境で生産されている。ヤマダフーズでは、原料の大豆の洗浄から製品の出荷まで、すべてコンピューター管理だ。工場の出入り口には、虫やほこりの侵入をシャットアウトする風速十五メートルのエアカーテンが設置されている。トイレなど、ドアを閉めたら最後、複雑な消毒手続きを経なければ外へ出られない仕組み。工場内の空気清浄度は、太平洋のど真ん中と同じだというから、義家が聞いたら驚くことばかりだろう。

ヤマダフーズの食品研究所ではまた、新たな納豆ロードの開拓を目指し、バイオによる新製品の開発が進められている。納豆の消化吸収性の良さをそのまま生かし、独特のにおいとネバネバを取り去った全く新しい豆製品を、作り出そうというものだ。

納豆には、別の可能性も指摘されている。昭和六十三年四月、宮崎医大の研究グループは、納豆のネバネバに含まれるナットウカイネース(ナットウキナーゼ)という成分に血栓を溶かす作用があることを突き止め、学会で発表した。ヤマダフーズでは業界に先駆けて、この有効成分を抽出する研究を行っている。「完成すれば、心臓血管系などの治療に期待が持てる」と山田社長。

義家たちの流した血と汗と涙の中から、九百年後の今、こんな花も咲こうとしている。歴史の面白さと言うべきであろう。


【編集部注】ヤマダフーズでは、ナットウキナーゼの活性が高い新タイプの納豆を、業界に先駆けて十五年程前に開発し、「ナットウキナーゼ納豆」として商品化した。

清衡の浄土

寛治元年（一〇八七年）、金沢柵の落城とともに、清原氏は滅んだ。勝者の源義家も、奥羽の覇権確立の野望むなしく、〝平穏を乱した罪〟に問われて京の都へ召還される。

義家の父頼義との間に前九年の役が始まったのが、永承六年（一〇五一年）だった。以来、四十年近くに及んだ奥羽の戦乱の時代も、ようやく一応の落ち着きを見せることになった。

高橋富雄東北大名誉教授（盛岡大文学部長）の言葉を借りれば、東北は「一種の政治的真空状態」の時期を迎える。それを埋め合わせることができるのは、朝廷でも、ましてや陸奥国府でもない。現地に根付いた勢力でしか、あり得なかった。もともと、朝廷や国府が無力だったため、戦乱の時代が生じたのだ。かくして、藤原清衡の時代が始まる。

清衡の父は、前九年の役で安倍一族の軍師格だった藤原経清。母は安倍氏の総帥・頼時の女《むすめ》。血筋の上からも、また、安倍氏滅亡後に清原宗家に養育された筋目の良さからも、奥羽の覇者としての資格は十分であった。

高橋名誉教授は、清衡の父経清のことを「大負《たいふ》の道」にかけた人物と評している。負けの向こうにある勝利にかけ、何度たたき伏せられても、飽くことなく北の大地に正義を掘り起こし続け、その上にわが足で立とうとした—という意味だ。

経清は前九年の役最後の地、厨川柵で惨殺されたが、その精神は息子の清衡に受け継がれ、大きく花開いていく。清衡も大負の道を歩んだ一人だった。

清衡が、経清の死後、清原武貞に与えられた薄幸の母とともに、清原一族の中で過ごした二十有余年の苦難は、うかがい知るすべもない。だが、もはや清衡を抑え得る者はいなかった。清衡は奥羽を理想郷に変えるべく、らつ腕を振るい始める。

寛治五年(一〇九一年)、手始めに関白藤原師実に馬二頭を贈った。中央の権門のご機嫌を取り結び、いざというときの後ろ盾にする積もりだったのだろう。

翌寛治六年、清衡は兵を起こして、意に従わぬ豪族たちを攻めた。陸奥守藤原基家《ふじわらのもといえ》の仲裁を断固として退け、奥羽の天地に威名をとどろかせた。

秋田大の新野直吉教授によると、清衡は武力行使の一方で「保《ほ》」を基盤とした勢力拡大も図っている。「保」とは「開発をきっかけに成立する私領」とでも定義すべきもので、荘園のように中央の権門に名目上寄進されたりすることはない。

清衡は国衙領にも着々と「保」を増やしていき、これを「封建的な支配単位」(新野教授)として統治した。国衙権力と結託の上で、なされたのであろう。

そしてついに、清衡は豊田館を引き払い、衣川を渡って平泉に新天地を求めた。十二世紀の扉が開く前後数年のことだったといわれている。

清衡が平泉を選んだ理由については、さまざまに考えられている。奥州の中央に当たる、要害の地である。京都と似て王都にふさわしい地形を備えている――ことなどだ。地理的条件に理由を見いだそうとするものが大半だが、衣川から南への進出という安倍氏以来の宿願をポイントとする説も、出されている。

「この地に西方浄土のような都を造ろう」。四十代の坂に差し掛かった清衡にとって、戦などはもう真っ平だったに違いない。以後、清衡の情熱のすべては新都造営に向けられる。〝皆金色の世紀〟のあけぼのであった。

第三部　黄金の桜

　平泉―と言えば、金色堂、奥州藤原氏三代のミイラ、毛越寺庭園などが、まず頭に浮かぶだろう。これら平安文化の粋を求めて集まる観光客は、年間二百万人とも言われている。その半面で「金色堂を訪れる客の大半は、表面の金ぱくを見た驚きだけを持ち帰る。この小さなお堂に秘められた〝心〟を知ろうとはしない」という厳しい意見があるのも事実。では、平泉の〝心〟とは、どういうものなのだろうか。どんな人々が〝皆金色〟の世紀を支えていたのであろう。平泉は日本史の中で、どのように位置づけられるのであろうか。

毛越寺庭園の一角にある「遣水」で催される「曲水の宴」。平安時代の優雅な歌遊びが今も再現されている

百年王国

奥羽の長い戦乱のトンネルの先には、黄金の日々があった。

後三年の役で清原家衡・武衡が討たれ、源義家もこの地を去って、ただ一人勝ち残ったのは清原清衡であった。清原一族のしがらみから解放された清衡は、父経清と同じ藤原姓に戻る。

藤原清衡として最初に手掛けた事業は、日高見の国を貫いて流れる北上川のほとりに、新たな都を築くことだった。かつて阿弖流為たちの勝利の歓声が水面に響き渡り、安倍一族最期の地・厨川柵落城の炎を映した東北一の大河は、今また栄光の歴史を浮かべて流れ始める。

清衡が豊田館を引き払って平泉へ移ったのは、紀元一一〇〇年を挟んだ前後数年間のこととされている。藤原氏滅亡が文治五年(一一八九年)だから、平泉の時代はザッと一世紀に及んだことになる。

「吾妻鏡」によれば、清衡は中尊寺の一大寺院群を造営し、領内一万有余の村落ごとに伽藍を建てて田地を寄進。仏教の力で、奥羽を平和裏に統治しようとした。都の権力や国府とも緊密な関係を保ち続け、着々と地歩を固めていく。

その一方で、白河関から外ケ浜（青森県の海岸線）までの大道に、一町（約百八メートル）ごとに笠卒塔《かさそと》婆《ば》を立てて、勢力圏を誇示することも忘れなかった。前九年の役で安倍一族の参謀役だった経清の血を引くだけあって、武将型が多い奥羽の群像の中では珍しく、政治家タイプだったのであろう。

清衡の事業を継承したのが基衡。父以来の柳ノ御所に住んだ基衡は、中尊寺を上回る規模の毛越寺を建てた。歌人西行が初めて平泉を訪れたのも、基衡治世のころであった。

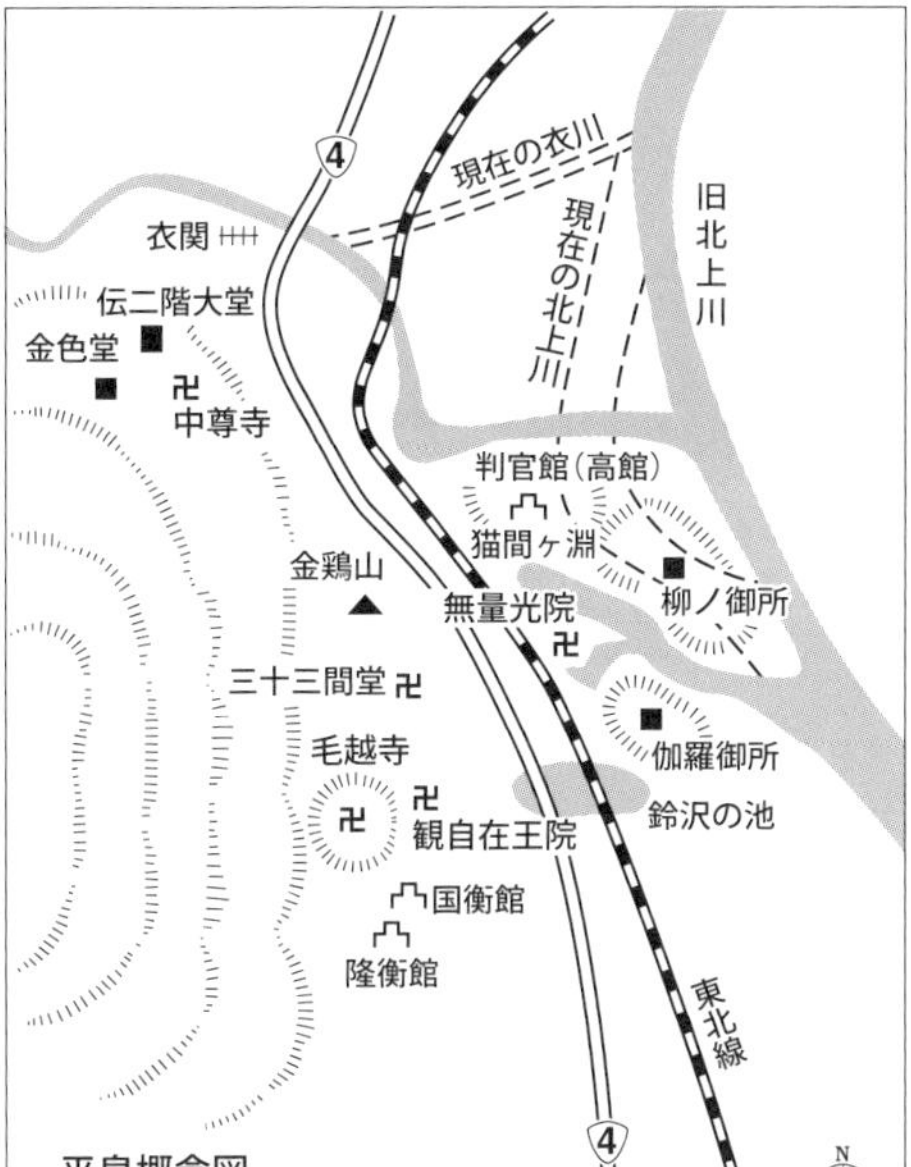

平泉概念図
（藤島亥治郎監修「平泉」から）

基衡の跡を継ぎ、平泉文化を完成させたのが秀衡だ。その象徴は、宇治平等院の鳳凰堂を模して建立され、浄土思想の精華とも称された無量光院に求められる。

作家の大仏次郎氏が「北方の王者」と呼んだ秀衡は、保元、平治の乱から続く源氏（鎌倉）と平家（京都）の争乱の時代に、第三勢力としてキャスチングボートを握り、日本古代史の表舞台に登場してくる。高橋富雄東北大名誉教授(盛岡大文学部長)は「東北の歴史の中で、最も優れた政治家」と評した。秀衡は内政、外政ともに卓越した力量を発揮。あの源頼朝にさえつけ入るすきを与えず、平泉の独立性を守り抜いたのであった。

平泉は、次の泰衡《やすひら》の代になってから、数年も経ずして滅ぶ。だが、清衡、基衡、秀衡の、それぞれ約三十年ずつの時代は、西方浄土を具現したような平和な日々が続いていた。安倍氏以来の奥六郡の豊かさに支えられた代々の政治手腕、先進の思想などが指摘できよう。

願文の世界

平泉の関山《かんざん》中尊寺。

奥州藤原氏の初代清衡が、天下の名工を集めてこの寺の造営に着手したのは、長治二年(一一〇五年)のことだった。

「吾妻鏡」に見る中尊寺の規模は、二階大堂をはじめとする主要な堂塔四十余、軒を連ねる僧房三百余。少なくとも関東以北では、空前の大事業だったと言ってよい。落慶供養は大治元年(一一二六年)三月で、奥州の中央・関山一帯を一大霊場に変えるのには、二十一年を要した。

まず、長治二年のうちに最初院(多宝寺)が成り、嘉承二年(一一〇七年)には、高さ十五メートルにも及ぶ二階大堂(大長寿院)が造られた。本尊は高さ三丈(約九メートル)の阿弥陀仏。脇侍《わきじ》の仏像九体も、すべて丈六仏(高さ約四・八メートル)だったとされる。

後に、源頼朝が二階大堂の威容を見て仰天し、鎌倉に永福寺を造営する際の手本にした。そんなエピソードも伝えられている。

金色堂の落成は、天治元年(一一二四年)。その二年後の大治元年初めには中尊寺大伽藍の工事も終わり、三月の落慶供養は都から勅使を迎えて盛大に執り行われた。

清衡七十一歳の春であった。中尊寺着工のころ誕生した息子基衡、金色堂落成の前年に生まれた孫の秀衡らに囲まれ、風雲の中を生き抜いてきた老雄は、まさに人生の絶頂にあった。

五色ののぼりが風にはためき、千五百人もの読経僧の声が全山にこだまする。清衡はしずしずと仏前に進み、供養願文を奉った。願文は当代一流の学者の右京大夫藤原敦光が起草し、能書家の中納言藤原朝隆が筆を執ったものだった。

願文の大意は、次のような内容であった。

「ここに、鎮護国家の大伽藍一宇を建立、供養する。奥羽の地では打ち続く戦乱で、官軍、蝦夷ともにたくさんの者が死んだ。鳥獣魚介の類も、殺されたものはその数を知らない。二階大堂の鐘が地を震わせて鳴り渡るごとに、それらの精霊が浄土に導かれんことを」

祈りは続く。「山を築いて地形を高くし、池をうがって水脈を蓄えた。草木を植え、樹林を造成し、宮殿楼閣も法則の通りに築いた。歌舞音曲を奏で、善男善女がそれに和して仏法をたたえるとき、平泉が都から遠く離れた蛮土にあっても、ここはまさしく仏国土となる」

「仏の弟子たる私は、東夷の遠酋《えんしゅう》である。平和な時代に生まれ合い、エミシの村々も事なく治まっている。先祖の余恵によって、私は分不相応にも俘囚の上頭の地位にある。出羽、陸奥の住民はもちろん、国外の部族までが慕い寄ってくる」

「懐手をして三十年。その間、年ごとの貢ぎ物を欠かしたことはない。お上も、しきりに恵みを垂れて下さる。このご恵に報いるには、仏事を尽くす以上のことはない。法皇、天皇はじめ万民に至るまで、治世を楽しみ、長寿を誇れるように。そして、この私も仏の恩徳に浴し、死後必ず安楽の国に至れるように」

清衡ほど、波乱に満ちた前半生を送った人物も珍しい。前九年の役では源頼義に父を惨殺され、後三年の役では逆に、頼義の長子義家と組んで異父弟の清原家衡を討ち、血なまぐさい時代に「奥羽の血脈」では唯一の生き残りとなった。彼の背にへばり付いたエミシの十字架が、願文の祈りにも表れている。

秋田大の新野直吉教授は、願文から「不幸な死者を弔うとともに、自分の罪業を悔い、仏の救済にすがろうとする気持ちと、仏法によって平和を維持しようとする立場が読み取れる」と言う。二度の不幸な戦乱を経験した清衡には、強い意志で平和を維持する使命感があったのであろう。その精神は、二代基衡、三代秀衡へと受け継がれていく。

先鋭の思想

奥州藤原氏の初代清衡は、後半生の精力のありったけを中尊寺の造営に傾けた。「落慶供養願文」には「年貢として(朝廷に)納めるほかの余財のすべてをなげうって」と記されているが、文字通り、奥羽の総力を挙げた一大プロジェクトであった。

二階大堂(大長寿院)、金色堂をはじめ、山上に立ち並ぶ諸堂四十余。山ろくには、三百余の僧房がびっしりと連なっていた。清衡の建築欲は、一面では〝異常〟にさえ思える。その異常さはまた、二代基衡や三代秀衡にも受け継がれていった。

出発点は京文化の模倣であった。が、藤原一族が目指したものは、単に「京都」を奥州へ移植することではなかった。情熱の向かうところはただ一点、「浄土の創造」にあった。高橋富雄東北大名誉教授（盛岡大文学部長）は、一族は「奥羽を一つの浄土曼荼羅《まんだら》に見立てて、その中心に中尊寺を位置付けたのだ」と考える。

藤原一族の思想を最もよく反映したものが、金色堂だという。壇上の諸仏をはじめ、壁、床、天井などのすべてに漆が厚く塗られ、金ぱくが押されている。

内陣の四隅に立つ七宝荘厳の巻柱や須弥壇《しゅみだん》には、極楽の草花を表現した南洋産夜光貝の螺鈿《らでん》細工。須弥壇の高欄には螺鈿の下地として、やはり南洋産の伽羅木《きゃらぼく》が使われ、アフリカ象の象牙《ぞうげ》で飾られている。

これを「エミシの成金趣味」と評した人もいる。「何も金ぴかにしなくても、とか、入手が難しくて、しかも極めて高価な材料をわざわざ使わなくても、といった意見が確かにありました」と、中尊寺釈尊院の菅野成寛住職。「でも、表面の金ぱくだけを見て判断したのでは、中尊寺の思想は絶対に分かりませんね」

金色堂の建立を可能にした要因は、少なくとも三つ挙げられる。財力と技術力、それらをリードする思想性だ。

「そもそも金色堂とは、地上に具現された西方浄土なのです。金ぱくの輝きは、み仏の体から放たれる光を表現したものなのです。ここは浄土なのですから、可能な限り最高の材料で仕上げなければならない。藤原一族は富力を誇るためではなく、浄土建設の必然性に突き動かされて、このような小堂を建てたのです」(菅野住職)

金色堂には「ミイラ」の問題もある。藤原三代のミイラ化は、樺太アイヌの葬送習慣との共通性を指摘され、蝦夷(エミシ、エゾ)すなわちアイヌとする説の、一つの根拠ともされてきた。

寺院の伽藍内は本来、清浄な場所として墓所となることはない。にもかかわらず、金色堂に三代のミイラ(と四代泰衡の首級)が納められているのは、ミイラが「死体」ではなく「聖なる存在」だからだという。

再び菅野住職。「平安期に成立した〝往生伝〟には、極楽往生したとされる僧俗数百人のことが記録されています。往生を遂げた証拠として、死後も体が腐敗しなかったとか、よい香りが漂ってきたとかという兆候が記されています。つまり、藤原一族は自分たちの築いた浄土の中に、自ら往生して見せたのです」

無量光院の壁には、秀衡が巻き狩りをしている場面が描かれていたという。紺紙金字一切経の見返し絵には、〝殺人〟の場面が描かれている。

藤原四代は、仏教の忌み嫌う「殺生」もやってのけており、その意味では〝悪人〟だった。それでも往生を遂げたというのだが、これは親鸞《しんらん》が「悪人正機説《しょうき》」を唱える百年も前のことだ。「まさに、浄土思想の究極の形とも言えるものです」と、菅野住職は語る。自ら浄土を建設し、そこで往生した者は、藤原一族のほかには例がない。

悪人正機説 阿弥陀仏の本願は悪人を救うことであり、悪人こそ往生の正因である、とする説。親鸞の念仏の神髄とされる。

冶金族たち

妖刀《ようとう》の代表格として、講談などに登場するのは「村正」だが、名刀の代表となると、大抵の人は「正宗」を挙げるのではあるまいか。実際、国宝や重要文化財に指定されている刀剣の中で、鎌倉幕府に仕えた名工・五郎入道正宗の作品は、圧倒的な数を誇っている。

ところで、刀剣鑑定の専門家が「正宗の作に間違いなし」と折り紙を付け、重要刀剣として世間に通用しているものの中に、実は奥州鍛冶《かじ》の打った刀が少なからず含まれている。そう言ったら、信じてもらえるだろうか。

「はっきりとは言えませんが、奥州刀が古備前や相州伝の刀の中に紛れ込んでいるのではないかという指摘は、専門家の中にもあるんですよ」

こう語るのは、日本美術刀剣保存協会評議員の間宮光治さん（神奈川県藤沢市）だ。間宮さんは、相州刀美術博物館の評議員も兼ねている。本来、「正宗」を含めた相州伝の刀を賛美すべき立場の人だけに、この言葉は重い。

日本刀は「火と鉄の芸術品」などとも呼ばれる。製作には、最も高度な冶金技術を必要とするのだが、古代奥羽には優れた冶金技術者集団が存在した。その代表格が、一関市周辺にいた舞草《もくさ》刀工団と、霊場月山一帯の月山鍛冶。

彼らはいわゆる俘囚であった。著名な刀工に、宝寿《ほうじゅ》、文寿《もんじゅ》（ふじゅ、とも）らがおり、朝廷に召されて京都周辺に定着した例では、大和の保昌《ほうしょう》一派が著名だ。彼らの名の読みは、すべて〝ふしゅう〟に通じている。

「鬼」を名に持つ刀工が多いのも、奥州鍛冶の特徴。豊臣秀吉の愛刀「一期一振吉光《いちごひとふりよしみつ》」などとともに、天下五剣（名刀ベスト5）に数えられた皇室御物の「鬼丸国綱」も、奥州鍛冶鬼丸の作風を模したものだ。

間宮さんによれば、舞草刀工団の歴史は奈良時代初期の六、七世紀から始まる。古代社会では、冶金は時代の最先端技術だった。その中でも先鋭な技術者集団が、舞草刀工団だったと言える。「日本刀には、特有の〝反り〟があります。直刀に比べ、格段に進歩した形ですが、これを創始したのが舞草鍛冶なのです」。日本刀の祖型は、奥羽で生まれたのである。

舞草鍛冶の先祖は、中国からやって来たという。まず北九州に上陸し、鉱物資源を求めて日本海水運で奥羽に入る。そして、修験道のネットワークと結び付いた。修験道は「不思議なこと」をやって見せる技術者を必要とし、冶金族は山岳地帯を網羅する修験のネットワークを資源探査に利用した。

冶金族の技術は、中尊寺金色堂にも生きている。例えば、内陣を飾るクジャクの彫り物がいい例だ。銅板を打ち出して作ったものだが、極めて純度の高い素材が用いられている。東京国立文化財研究所の調査でも、通常は、不純物として銅に含まれている鉛が、全く検出されなかったという。

平泉には、恐るべき技術力があったということだ。「中尊寺の二階大堂を模した永福寺がいい例ですが、鎌倉は平泉の模倣から始まったのです。繊細な京文化とは違い、平泉文化には特有の力強さがあって、鎌倉武士の気風にぴったりだったんですよ」（間宮さん）

奥羽は「文化果つる所」などではなかった。奥州鍛冶が「正宗」に似た刀をつくったのではなく、

「正宗」が奥州刀に似ているのである。間宮さんは「東北の人は、もっと誇りを持っていいですよ」と、付け加えた。

基衡の政治

中尊寺落慶供養から二年後の大治三年(一一二八年)七月、藤原清衡は七十三歳の波乱の生涯を閉じた。亡きがらはミイラとなり、清衡自身が造った西方浄土「金色堂」に納められた。「三外往生記」は、眠るような安らかな最期だったと伝えている。葬儀の夜、山中に「異香」が漂ったともいう。

清衡は極楽往生を遂げたものの、その跡には平泉の強大な支配権をめぐって、骨肉の争いが展開された。

「長秋記」大治四年八月二十一日の条には、奥州で清衡の子の基衡と惟常《これつね》の兄弟が跡目争いを繰り広げ、公事が漂っていることが記されている。

同じ「長秋記」の大治五年六月八日の条には、「先ごろ、清衡の長男で字《あざな》を小館という者が、（基衡と思われる）弟の御曹子《おんぞうし》なる者に攻められた。小館は子や従者二十余人と、小舟で越後に逃れようとしたが、弟は軍兵を発して陸路から追い、小館らが風波に遭って岸に漂着したところを襲って、父子ともども首をはねた」とある。

「長秋記」によればこの間、故清衡の妻と称する者が都に現れ、権門の要人たちに財宝をばらまいて歩いている。平泉の内輪もめに朝廷が介入してくるのを防いでいたのだろう。作家の三好京三氏は、小説「朱の流れ」で、これは清衡が自分の死後に内乱が起きることを見越して、手を打っておいたものとしている。

そのかいあってか、朝廷は奥州の出来事を全く黙殺した。基衡は保延四年（一一三八年）五月、亡父清衡の供養のため法華経千部の書写を進めている。このころまでに、基衡の二代目としての地位が確立したと考えてよいのであろう。兄や弟たちを力ずくで排除して、かち得た地位だった。

基衡の生涯を通観すると、骨太で粗野なところもある武将タイプの人物像が、浮かび上がってくる。当時、都では源義家の孫に当たる為義《ためよし》が、陸奥守の地位を望んで盛んに運動を繰り返していた。朝廷は「奥州は源氏にとって意趣の残る国。為義には、基衡を滅ぼそうという意図があるのではないか」として、これを許さなかった。

仮に、陸奥守源為義が実現していたらどうなったか。基衡は前九年の役や後三年の役を上回る戦を、引き起こしたかもしれない。

政治方針も強引だった。朝廷や国府と適当に妥協していた清衡と違って、基衡は武力を前面に一国を押領した、とまで言われるようになった。ついには、陸奥守をしり目に「在国国司」の扱いを受ける。基衡は、要所に腹心の部下を配し、白河以北のほとんどの土地に威令を行き渡らせるに至った。

藤原摂関家に対して取った態度も、清衡とは対照的であった。時の関白忠実《ただざね》が、基衡に管理をゆだねていた高鞍荘《たかくらのしょう》(宮城県志田郡高倉村＝現大崎市)の荘園の年貢増徴を求めたのにも、一向に応じようとしない。

この問題は、懸案として忠実の子の頼長《よりなが》に引き継がれた。頼長は「悪左府《あくさふ》」と異名を取った切れ者で、鼻っ柱の強い自信家。後に、兄の関白忠通《ただみち》と争って「保元の乱」を起こしたことでも知られている。

この頼長が、高鞍荘をはじめとする五つの荘園の増税を要求してきた。年貢をそれまでの三―五倍に引き上げる、というものだった。基衡はこれを拒み、従来の額に色を付けた程度の改正案を示して、ほぼ思い通りに押し切ってしまう。

相手がいかに斜陽の摂関家とはいえ、頼長ほどの人物を手玉に取ったのだ。基衡、すなわち平泉の力が、いかに充実していたかが分かる。

季春と基衡

藤原頼長を、荘園の増税問題で手玉に取った基衡には、もうこの世に怖いものなどなかった。少なくとも、基衡自身はそう思った。

だが、基衡の〝力の政治〟は、ときとして手痛いしっぺ返しを受けた。そうした例は「古事談」や「十訓抄」に見ることができる。

宗形《むなかたの》宮内《くない》卿《きょう》師綱《もろつな》という人物がいた。それほどの才覚はなかったようだが、忠義一筋で白河院の身近に仕え、ついには陸奥守に抜てきされた。

師綱が多賀城に着任してみると、陸奥国は基衡にすっかり押領されていて、国府の権威などないに等しいありさまだった。律義者の師綱は、天皇の宣旨《せんじ》を取り寄せ、基衡の不正を摘発すべく検地に取り掛かる。

師綱の配下は、まず信夫荘（現在の福島市内）に入った。ここは基衡の乳兄弟でもある佐藤季春《すえはる》の管理地で、肥えた荘園だった。

検注使は宣旨を携えてきている。いわば、天皇の意思で検地を執り行うという形式なのだが、季春は荘園への立ち入りを拒否した。基衡がそう命じていたからだった。

朝廷が任命した国司には従わず、在国の国司に従う──。平泉には既に、中世的とも言える主従関係があったのだ。季春がテコでも動かないと分かると、検注使たちは武力行使に出る。季春方も応戦し、激しい戦となった。だが、貴族の配下の武力など高が知れている。検注使側は、おびただしい死者を残して敗退した。

師綱はこの報告を聞いて激怒し、直ちに使者を基衡の元へ送った。使者の口上は「合戦も辞さぬ」という強硬なものだったようだ。

基衡は度を失った。対応を誤れば、「朝敵」にされてしまう。基衡は慌てて季春を呼び、相談するのだが、季春の態度は見事なものだった。「主命なればこそ、勅に背くのが大罪なのを承知の上で、矢を放ったのです。この上はすべてを私のせいにして、私の首を国府へ差し出して下さい。さすれば、御身は安全でございましょう」

基衡はうなずいた。けれども、実の兄弟同然に育った季春を、あきらめることはできなかった。基衡は師綱に砂金一万両(約百五十キロ)、名馬、絹そのほかの途方もない財宝を贈り、言葉を尽くして季春の助命を願う。

「ここで勅に背いた者を許したとあれば、師綱め、財宝に目がくらんだかと、人にそしりを受けよう。助命など、まかりならん」

助命交渉は不調に終わった。だが、季春にすれば満足であっただろう。信夫荘が検地を許せば、それを突破口に、検注使の手が奥州全域に伸びたことは間違いない。あるいは、季春は基衡の力の政策に日ごろから危機感を抱き、心を合わせるふりをしながら、身をもって基衡をいさめたのかもしれない。

季春は、舞草鍛冶の鬼次郎太夫の名刀「大津越」で首をはねられた。基衡にとって、生涯の痛恨事であった。

この逸話は、基衡の情の深さをも表している。家来の命を救うために一万両もの財宝を投げ出すなど、だれにでもできることではなかった。

情の深さと言えば、基衡は仁平二年(一一五二年)四月二十日、安倍宗任の娘であった夫人に先立たれる。彼はその死をいたく悲しみ、夫人の好きだった花々を大量に用意して、男泣きに泣きながら埋葬したという。

平泉の毛越寺に今も伝わる奇祭「哭《な》き祭」は、この故事に由来するともいわれる。

西行

歌人西行が歌枕の地を求めて、初めて奥州へ旅立ったのは、天養元年（一一四四年）ごろのこととされている。

彼が平泉入りした日付は、『山家集』にはっきり記されている。

「十月十二日、平泉につきたりけるに、雪ふり嵐《あらし》はげしく殊の外に荒れたりけり」

当時、平泉は二代基衡治世の下、まさに全盛期を迎えようとしていた。関山の山あいには中尊寺の堂塔が黄金と朱の輝きを放ち、その南方では堂塔四十余、僧房五百余と伝えられる毛越寺の造営が、急ピッチで進められていたはずだ。初代清衡が開いた平泉は、四十年余りの間に、人口十万ともいう世界的な水準の文化都市に成長していた。

冬の嵐に追い立てられるようにやって来た西行は、翌春までこの地に滞在する。日差しが日一日と暖かさを増していくのを肌で感じながら、西行はある日、北上川の対岸にそびえる束稲山《たばしねやま》に目を向け、声を放った。

聞きもせず　たわしね山の桜花　吉野のほかに　かかるべしとは

平泉入りを天養元年とするならば、西行二十八歳の春であった。

西行は生涯、自然を愛してやまなかったが、特に心をときめかせたのが「花」で、極め付きは、吉野山の桜だった。吉野は古くから大和の人々に霊地と仰がれ、西行もしばしばこの秘境を踏破している。

それほど愛した吉野山と、束稲山を対比させたのだ。青年西行の、感動の大きさが分かるであろう。

束稲山の山ろくから山頂までを、淡い色に染め上げている桜の花は、清衡が植えたものだといわれている。花も平泉の街も、清衡の理想に沿って成長しつつあった。

西行の残した歌は「京の都のほかに、これほど美しい所があったとは」という意味で、平泉の街そのものに対する賛嘆の気持ちを桜の花に託した、とも受け取ることができる。

事実、当時の平泉の〝国力〟は驚くべきものがあった。「吾妻鏡」に、次のようなエピソードが記されている。

―基衡が毛越寺金堂に安置する本尊の制作を、「雲慶」という名の都の仏師に依頼した。雲慶が、上中下三階級あるうちのどれにするかと尋ねると、基衡は「中級のものを」と答える。

中級とはいえ、代金はすごい。金百両、ワシの羽百羽分、アザラシの皮六十余枚、安達絹千疋(一疋は二反)、希婦細布《けふのほそぬの》二千端(反)、糠部《ぬかのぶ》の名馬五十頭、白布三千端、信夫毛地摺《しのぶもじずり》千端、そのほか山海の珍宝の数々。大変な物量だったことは間違いない。

三年後に出来上がった仏像は見事なもので、基衡はボーナスとして生美絹《すずしのきぬ》を舟で三隻分贈った。雲慶は躍り上がって喜び、「これが練絹《ねりぎぬ》だったらもっとよかったのに」などと、冗談口をたたいた。基衡は後でこれを聞き、心配りが不足だったと、練絹を三隻分直ちに贈った――。

かなり割り引いて考える必要はあるだろうが、平泉の力が天下に隠れのないものになっていたことは、よく分かる。

雲慶作の薬師如来像を安置した金堂は、金銀万宝をちりばめ、紫檀《したん》などの名木を用いた造りで、美しい彩色で飾られていたという。清衡は「浄土の創造」のため膨大な財宝を投じたが、跡を継いだ基衡もその政治方針を堅持し、奥羽の富を湯水のように使った。

エミシたちの浄土を後にした西行は、出羽へも足を延ばした。西行は約四十年の後、再び平泉の地を踏むことになる。それも、平泉を滅ぼす側の手先として。だが、東稲山の桜を詠んだときの西行は、夢にもそうしたことは思わなかったに違いない。

北方の王者

「私は、義経の保護者だった人の顔を見まもっていた。想像を駆使して、在りし日の姿を見ようと努めていたのである。高い鼻筋は幸いに残っている。額も広く秀でていて、秀衡法師と頼朝が書状に記した入道頭を、はっきりと見せている。下ぶくれの大きなマスクである」

「北方の王者にふさわしい威厳のある顔立ちと称してはばからない。牛若丸から元服したばかりの義経に、ほほえみもし、やさしく話しかけもした人の顔が、これであった」

昭和二十五年、中尊寺金色堂の須弥壇に納められていた奥州藤原氏四代の遺体調査が行われた。作家の大仏次郎氏は秀衡棺《ひでひらかん》の開棺に立ち会い、冒頭の感想文を記した。この模様はフィルムに収まっており、現在も中尊寺で常時上映されている。

遺体の骨格調査を基に東大法医学教室が復元した等身大の秀衡像が、中尊寺讃衡蔵《さんこうぞう》に展示されている。大仏氏が感じた通りの、貴族的で、理知的な顔立ちだ。秀衡は、古代から中世へと激動する歴史の流れを一人でせき止めた、とまで言われた人物だった。

秀衡の父基衡の時代は、鳥羽上皇の院政期とほぼ一致する。基衡は保元二年(一一五七年)三月に没し、平泉のかじ取りはここで嫡男秀衡の手にゆだねられた。このとき秀衡は三十六歳。生まれついての資質の上に、年齢的な思慮分別も加わり、古代東北史を代表する大政治家として、以後、平清盛、源頼朝らと知略を競うことになる。

父基衡の死の前年、京の都で保元の乱がぼっ発する。崇徳上皇と後白河天皇の皇位継承問題に、藤原忠通・頼長兄弟の摂関争いが結び付いて起こった戦。源平両氏までが、同族同士で敵味方に分かれて争うなど、悲惨極まる戦争だった。

結果は上皇方の惨敗に終わる。乱の首謀者である悪左府頼長は戦死し、上皇は讃岐《さぬき》(香川県)へ流された。かつて陸奥守就任を願ったが果たせず、以後は世をすねてどこの国守にもならなかった源為義も、敗者の側に回って、長男の義朝《よしとも》(頼朝の父)に首をはねられた。

二年後の平治元年(一一五九年)には、「平治の乱」が起きる。保元の乱を勝ち抜いた平清盛、源義朝の主導権争いに、藤原信頼・信西の権力争いが絡んだものだった。

この戦は、清盛の圧倒的勝利に終わる。信頼は斬刑。義朝は父を切った報いのように、旧臣に討たれてしまう。義朝の長男悪源太義平《あくげんたよしひら》も首を切られ、十三歳の頼朝や幼児の牛若丸(後の義経)は、世間から遠ざけられた。

後は平家の天下であった。清盛は、仁安二年(一一六七年)には従一位太政大臣に上り詰め、天下の政治を一手に握ってしまった。

秀衡は、そんな時代に登場した。清衡、基衡の居館だった柳ノ御所から、やや南の伽羅御所《きゃらのごしょ》に居を移した秀衡は、浄土建設の理想を継承して、宇治平等院を上回る規模の無量光院を建設。奥州産の名馬や砂金などの献上を通じて、中央とのパイプも保ち続けた。

嘉応二年(一一七〇年)、四十九歳の夏に、秀衡は従五位下、鎮守府将軍に任じられる。この任官には「万一の折は平泉を味方に」との、清盛の思惑が作用していたともいわれている。

ともあれ後三年の役で変死した清原真衡以来、およそ八十年ぶりに在地の鎮守府将軍が誕生した。これは、朝廷が平泉の〝政権〟を公認したに等しい。

裏返してみれば、平泉にはそれだけの「国力」があったということだ。当主の秀衡は、都びとの間でも次第に「北の巨人」として認識されるようになる。

戦略物資

わが国で初めて金《きん》が発見されたのは、天平二十一年(七四九年)のことだった。「続日本紀」などによると、陸奥守従五位上百済王敬福《くだらのきみけいふく》が陸奥国小田郡(宮城県涌谷町)で黄金九百両を採取し、朝廷に献じたのが、国内産金の始まりであった。

このころ、東大寺造営と大仏の鋳造が計画されており、金ぱく不足や資金繰りに悩んでいた朝廷の喜びは、一通りのものではなかった。敬福を一気に七階級も特進させて従三位に叙し、年号も天平から天平感宝へ、さらには年の内に天平勝宝へと改めたほどだった。

敬福という人物は、朝鮮からの帰化人を先祖に持ち、冶金技術を身に着けていたと考えられている。敬福の発見を契機に、一獲千金を夢見る冶金族たちが奥州へ殺到し、北の大地はゴールドラッシュとでも呼ぶべき状態となる。そのピークが安倍、清原、平泉藤原の時代だった。

この当時、金が産出されたのは、世界でもナイル川流域のヌビア、バビロニア(イラク)などごく限られた地域だけで、奥州産金の持つ意味は外国との交流の上でも、大きなものがあった。平清盛が大輪田泊《おおわだのとまり》(神戸港の古名)を開いて日宋貿易を始めると、金は掛け替えのない重要性を帯びてくる。

日本は、宋から銅銭をはじめ織物、書籍、香料などを盛んに輸入し、金、刀剣、漆器、漆、硫黄を輸出した。金は、中国国内ではレートの四—五倍で取引されるほどにもてはやされた。

中国ではまた、日本から輸入する金が奥州産であることが、ちゃんと認識されていた。十四世紀に成立する「宋史」日本伝にも「東の奥州は黄金を産出する」と書かれている。

評判は、中国だけにとどまらない。十三世紀末、元に滞在したマルコ・ポーロによって、日本は黄金の島ジパングとしてヨーロッパに知れ渡った。「東方見聞録」に描かれたジパングは、黄金が無尽蔵に産出され、宮殿は屋根も床もすべて純金。広間も窓も、みな金ずくめ—という調子であった。

この黄金島のイメージが、ヨーロッパ人たちの胸に日本への限りないあこがれをかき立て、ついにコロンブスの大航海を導き出した、と世界史は説く。だとすれば奥州が、平泉が、アメリカ大陸発見の導火線になった、との論法も成り立つだろう。

平泉には現に、中尊寺金色堂や毛越寺大金堂円隆寺のような「黄金の宮殿」が存在した。高橋富雄東北大名誉教授(盛岡大文学部長)は、東方見聞録を「足のある幽霊ばなし」「平泉藤原氏の豪奢《ごうしゃ》をきわめた黄金文化がもとになっての千一夜物語」と呼ぶ。

ヨーロッパ人に限らず、朝廷にとっても黄金は、のどから手が出るほどに欲しかった。だが、平泉藤原氏が健在である限り、金を意のままにすることはできない。かといって、桓武天皇のように十万の大軍を進めて奪いに行くわけにもいかない。平泉側にとっては、効果的な「戦略物資」を握っているようなものだった。

奥州には、もう一つの有力な産物があった。大陸系の血を引く駿馬《しゅんめ》で、奥州産上馬の価格は「延喜式」によると稲六百束（一束＝米五升、一升は後世の五―六合）。出羽産も五百束と高かった。

標準的な上馬が三百束だから、奥州産の駿馬など余程の金持ちでなければ、手に入れることはできなかった。さしずめ、今日の高級外車といったところか。

平泉の経済基盤が、胆沢平野の豊かな実りにあったことは言うまでもない。けれども、黄金と駿馬がなければ、平泉のイメージは著しくダウンしてしまうし、そもそも百年王国など出現することはなかったであろう。

東日流十三湊

奈良、平安期の史書や公家の日記には、貢馬《くめ》の記事がしばしば登場する。このことからも分かる通り、貴族や特に武士たちにとって「馬」は、大きな関心の対象の一つだった。

とりわけ奥州産の駿馬は、現代の高級外車のように、人々の心を引き付けた。馬体が堂々としていて、在来種よりも見栄えがする上に、性質も温和で粗食にも耐えた。加えて、希少価値もあった。

秋田大の新野直吉教授によれば、奥州馬のルーツはユーラシア大陸の北部から間宮、宗谷、津軽の三海峡を経由して、渡来したとみられる。当然、交易という形を取ったものだろう。

平清盛は大輪田泊を基地に、宋と盛んに貿易を行ったが、この時代に奥州藤原氏も独自のルートで大陸と商取引を行っていたらしい。中尊寺大長寿院伝来の「宋版一切経」が、その証拠とされる。

この経典は紺紙金字一切経書写の底本となったもので、中尊寺経蔵文書によると、奥州藤原氏の初代清衡が十万五千両の砂金を宋朝帝院に送って、入手したものだという。金一両を十五グラム、一グラムを二千円とすれば、十万五千両は実に三十一億五千万円にもなる。

金額も驚きだが、見逃してならないのは、宋と藤原氏とを結ぶパイプの存在だ。太いパイプがこれほどの物の入手を可能にしたのだが、両者の間には橋渡し役も必要だった。それは、日本海沿岸に勢力を張っていた在地の豪族、とみるのが妥当であろう。

中世に〝三津七湊〟と呼ばれた良港群があった。このうち平泉勢力圏には、秋田湊（港）と東日《つが》流《る》十三《とさ》湊《みなと》（青森県の十三湖一帯）が開けていた。交易隊が北海道、樺太を経由して大陸へ向かうとするならば、十三湊から海路を取るのが最も自然なコースと言える。

その十三湊には、安倍貞任の遺児高星丸《たかあきまる》を祖と仰ぐ安東水軍がいた。安東一族は安倍氏を挟んで、藤原一族とも血縁関係を持っている。

安倍氏が、奥州より北の世界とかかわりを持っていたことはまず間違いなく、安倍の流れをくむ安東一族がその跡を継いで、より緊密な関係を築き上げていたとしても、別に不思議ではない。従って、平泉が大陸と交渉を持つ場合、安東氏が間に立つことも十分にあり得る話だった。

平泉は、大陸と直接結び付いていたのではないか、とする説も出されている。十三湊には、藤原氏の一門の十三氏が根拠地を構えていた、とも伝えられている。新野教授はむしろ、この十三氏の方が安東よりも先に港を開き、安定した勢力を築いていたのではないかと、考えている。

「津軽前代系譜」をはじめとする藤原氏関連の資料には、基衡の二男、つまり秀衡の弟に当たる秀栄という人物が十三湊に入り、永暦元年（一一六〇年）に檀林寺を建立。そこで三年の間、政務を執ったとも記されている。

大陸の沿海州から西へ向かい、北に行けば森林馬の地域へ、南へ折れれば大草原の遊牧地帯へと達する。駿馬のルーツは、こんなところにあるのかもしれない。さらに草原地帯を越えて南下すれば、天山北路、南路のシルクロードへ至る。十三湊の向こうに、壮大な世界地図が見えてくる。

これが、金色堂を飾るアフリカ象の象牙や南洋産夜光貝のなぞへと続く、はるかな海の道の出発点だったとは言えないであろうか。

秀衡街道

藤原秀衡が四十九歳で鎮守府将軍に任官したのは、嘉応二年(一一七〇年)の夏。平泉の〝国力〟もこのころ、ピークに差し掛かってきた。清衡の中尊寺、基衡の毛越寺、基衡の妻が建立した観自在王院、秀衡の手による無量光院――。皆金色のいらかの波が、東北一の大河・北上川のほとりに輝きを競っていた。

領内に整備された道路網を行き交う人や荷車も絶え間がなく、金、銀、鉄、漆、絹、馬などのほか、山や海のさまざまな産物が平泉へ集まってくる。それらは領内へ散り、あるいは坂東や京の都へと運ばれていった。

道路は、文化のバロメーターでもある。平泉の道路網は、いわゆる安倍道をさらに発達させたものだという。白河関から津軽の外ケ浜までの街道沿いには、一町（約百八メートル）おきに金色の笠卒塔婆が四千七百基も立てられていた。

こうした伝説のほかにも、さまざまな言い伝えを秘めた道が今なお、奥羽山脈や北上山地の山懐にひっそりと残っている。それらの道からは、古代人たちの息遣いが聞こえてきそうだ。

「エミシたちが陸奥、出羽両国を盛んに往来し、言を巧みにして罪を逃れたり、すきをうかがって悪事を働くなど不穏なことをするので、二千の兵を派遣して、両国を結ぶ五つの道を分断させた」。「続日本紀」の宝亀十一年（七八〇年）十二月十日の条に、こんな意味のことが書かれている。

ここに五つの道として挙げられているのは、北から「石沢」（岩手県雫石町―仙北市）「楯座」（岩手県西和賀町―秋田県美郷町）「大萱谷」（岩手県西和賀町―横手市）「柳沢」（奥州市―秋田県東成瀬村、横手市）「鷲座」（一関市―湯沢市）。このうち現在の国道１０７号とほぼ並行に走る大萱谷の古道のことを、後に「秀衡街道」と呼んだ。

「秀衡街道」は陸奥、出羽両国の文物の交流になくてはならない交通の要衝だった。加えて、岩手県湯田町（現西和賀町）在住の郷土史家高橋暁樹さんの調査では、この道の歴史は旧石器時代、縄文時代までさかのぼるほどに古く、道筋は少なくとも秋田市内、岩手県金ケ崎町にまで延びていた。

「その昔は、やじりや土器の接着に欠かせない天然アスファルトが、秋田市内の八橋油田から、ここを通って陸奥へ運ばれたのです。時代が下って平泉のころになると、この道は黄金街道に変わりました」（高橋さん）

高橋さんによると、藤原一族は後三年の役の古戦場大鳥居柵に代官を置き、出羽各地から運ばれてくる産物の集積地とした。ここを中継点に、北へ向かえば北秋田市、仙北市、大仙市、美郷町と無数の鉱山群があり、南へ下れば院内鉱山を始めとする湯沢市、由利本荘市、横手市の地下資源にぶち当たる。

さらに横手市には、一日に大判五枚分の金を産出したとされる大日向山。県（国）境を越えて岩手県に入れば鷲巣金山、仙人、松川、水沢の各鉱山など、やはり無数の地下資源産出地が街道沿いに連なっていた。

街道の往時のにぎわいぶりは、想像に難くない。金銀を運ぶ行列ばかりでなく、鉱山人夫たちのための食料、日用雑貨品を運搬する荷駄なども行き交ったはずだ。

秀衡街道は〝うわさ〟をも、運んだに違いない。諸国から入り込んできた山師や金商人たちは、北の大地で出合った驚きを、行く先々で語って歩いたことだろう。平泉にとって運命の人となる源義経もまた、奥州の巨大な影にひきつけられて、北へ向かって旅立つのであった。

乱世到来

平泉が三代秀衡の治世で絶頂期にあったころ、都では平家一門が清盛を中心に栄華の極にあった。

平治の乱(平治元年＝一一五九年)で主だった源氏の勢力が一掃されると、清盛は公家たちからも一目置かれる存在となる。翌永暦元年(一一六〇年)、清盛は正四位下から従三位大宰大弐《だざいのだいに》へ昇進。この年八月には参議、九月には右衛門督《うえもんのかみ》と、武家の出としては空前の出世を遂げる。

仁安二年(一一六七年)二月には、ついに従一位太政大臣に上り詰める。わずか八年の間に、位人臣を極めたのだ。

一門の栄達も目覚ましいものがあった。「源平盛衰記」によると、嫡男重盛が内大臣になったのをはじめ、公卿《くぎょう》十六人、殿上人三十余人。諸国の守や衛府の武官に至っては、八十余人もの多数に上っている。

知行三十余カ国、荘園五百カ所。日本の半分が、平家の所領になったようなものだ。その上に、日宋貿易の利益まで転がり込むのだから、財力も恐るべきものがあった。平家の総帥清盛は、地上の全能者と言ってよかった。

一門がここまでこぎつけることができたのも、清盛の才覚によるものが大きい。清盛は土木工事を度々興して朝廷の歓心を買い、藤原摂関家と幾重にも親類関係を結んで、権力固めを図った。自らの娘(徳子)を、天皇家に送り込むことにも成功する。

ただし、驚異的な栄達は、一方で恨みの対象ともなる。特に親類関係にあるとはいえ、藤原摂関家が平家一門に対して抱いていた感情には、相当深刻なものがあった。権勢を横取りされたこともあるが、官位争いや所領問題などで、摂関家は常に清盛の威光の前に屈服させられてきた。

安元三年(治承元年＝一一七七年)夏、大納言藤原成親《ふじわらのなりちか》らによるクーデター未遂事件が起きる。事の発端は、このころ行われた除目《じもく》で、成親が希望していた近衛大将の地位を、平重盛にさらわれてしまったことだった。

不満を高じさせた成親が、かねて平家を憎んでいる後白河法皇の近臣らに平氏討伐を説くと、みな同調した。これには大策士で、後に木曽義仲や頼朝まで手玉に取った後白河の意思が、強く働いたともいわれる。法皇もまた、清盛嫌いだった。

この計画は事前に漏れ、成親は謀殺される。一味も全員、打ち首や流罪に処せられた。これを機に、反平家分子の取り締まりは厳しさを増し、一見、天下の権は揺るがないかのように思えた。

翌治承二年(一一七八年)、中宮徳子が言仁《ときひと》親王を産む。親王は、二年後の治承四年二月に即位して安徳天皇となり、清盛はかつての摂関家のように、天皇の外祖父の地位を手に入れた。栄光の頂点であった。

これに対して、安徳即位からわずか二カ月後、公卿の源三位頼政が、後白河の第二皇子以仁王《もちひとおう》を奉じて兵を挙げる。以仁王は諸国の源氏や寺社へ、平家追討の令旨《りょうじ》を発した。

頼政の挙兵は瞬く間に鎮圧されたが、発せられた令旨は回収のしようがなかった。雌伏を強いられていた源氏の勢力が、群がるように立ち上がる。八月、頼朝が伊豆で挙兵。続いて義仲も、信濃で平家討伐ののろしを上げる。

明くる治承五年(一一八一年)二月、清盛は死の床に就いた。一門の行く末を案じた者たちには不安ばかりが残ったであろう。清盛が頼りにした嫡子の重盛は、二年前に帰らぬ人となっていて、残ったのは二流の人物ばかり。「わが墓前に頼朝の首を供えよ」。物語の世界では、清盛はこう言い残し、この世を去る。乱世の幕開けだった。

秀衡動かず

源氏の長老頼政が、後白河法皇の第二皇子以仁王を奉じて反平家の兵を起こしたのは、治承四年(一一八〇年)の春であった。

それまで息を潜めていた源氏の残党たちは、頼政の挙兵を機に各地で平家討伐の旗を揚げる。この年八月、伊豆で頼朝が兵を挙げ、九月には信濃の義仲も立った。

源氏の勢いを食い止めたい平家は、故重盛の嫡子維盛《これもり》を大将軍として、頼朝を討つべく軍勢を差し向けた。だが、この軍勢は、駿河(静岡県)の富士川を挟んで頼朝軍と対陣するうち、ある夜、突如わき起こった水鳥の羽音を敵の奇襲と勘違いして、逃げ散ってしまう。

平泉から駆け付けた義経を加えて一層厚みを増した頼朝軍は、平家勢を敗走させると、鎌倉へ戻って地盤固めに掛かる。このころ、頼朝の勢力圏は坂東を中心に十カ国に及び、さながら一つの独立国の観があった。これが後に、鎌倉幕府へと発展していくのだ。

翌治承五年になると、九州で菊池、緒方両氏が旗揚げし、四国でも河野氏が反旗を翻して平家一門をがく然とさせた。二月四日、頼みの清盛がこの世を去ると、平家の衰勢は覆い難いものとなった。

落ち目の平家が最後の期待をかけたのが、越後の城資長《じょうのすけなが》と平泉の藤原秀衡だった。城氏は、桓武平氏の流れをくむ大豪族。武勇の家系であることは、後に一族から女傑板額《はんがく》が出たことでも分かる。秀衡は、天下に知られた奥州王であった。

九条兼実の日記「玉葉」によれば、治承四年の暮れごろから資長、秀衡の両人をめぐる怪情報が乱れ飛び、平家一門を一喜一憂させている。いわく「助永(資長)が義仲の本拠の信濃に討ち入った」、いわく「秀衡はもうこの世にいない」「いや、秀衡は生きている。頼朝を娘婿にするらしい」といった具合。

中でも、平家の邸宅・六波羅《ろくはら》を騒然とさせたのが、秀衡出陣のうわさだった。「秀衡が二万の軍勢をひっ下げて白河関を越えた。武蔵、相模の武士たちは頼朝を見限って秀衡に付き、頼朝は安房《あわ》(千葉県)へ逃げた…」

平家が源氏の二大勢力である頼朝と義仲に対するには、平泉と越後の協力が戦略上どうしても必要だったのだ。相次ぐ肩透かしにたまりかねた平家の総帥宗盛《むねもり》は、資長を越後守に、秀衡を陸奥守に任じる。恩を着せる積もりだったのだろう。

城一族は感激してすぐさま兵を動かした。ところが、出発に先立って、資長が急死する事件があり、代わりに四万の兵を率いて信濃へ向かった弟の資茂《すけもち》は、義仲のわずか三千騎の前に苦杯をなめてしまう。

一方の秀衡はうわさによって人々を色めき立たせはしたものの、実際には平泉を一歩も動いていない。「中央の覇権争いに、奥羽を巻き込んではならぬ。源平両勢力の均衡の上にこそ、平泉の平和が望める」。秀衡は、そう考えていたのに違いない。

寿永二年(一一八三年)四月、平家は秀衡の〝期待〟を裏切る愚挙に出る。義仲追討のため、十万余の大軍を北陸へ下向させたのだ。

五月、有名な倶利加《くりか》(伽)羅峠《らとうげ》の合戦が起こる。平家勢は義仲軍にけ散らされ、大半が戦死するというありさま。義仲は敗走する平家勢を徹底的に追撃し、七月二十二日には比叡山に入った。

この義仲の元に、何と後白河法皇が転がり込んで来る。策士らしく、「平家はもうダメだ」と、見切りを付けたのだろう。皇室の主を源氏に取られた平家は、なだれを打って都から消える。五日後の二十七日、木曽義仲はついに都に源氏の旗を立てた。

義経

寿永二年(一一八三年)七月、木曽義仲はついに都に源氏の旗を立てた。義仲が引き連れてきたのは、六万ともいわれる大軍だった。だが、これらの兵は代々源氏を主と仰いできた連中ではなく、いわば寄せ集めの烏合《うごう》の衆にすぎなかった。たちまち狼藉《ろうぜき》が始まり、義仲は都で鼻つまみになってしまう。

後白河法皇も義仲軍の無統制ぶりには愛想を尽かし、鎌倉にいる頼朝の元へひそかに使者を送って、上洛を促した。しかし、頼朝は動かない。動けなかった、と表現する方が正しいだろう。

頼朝の背後には、奥州十七万騎の兵を擁する秀衡がいる。頼朝は、平泉が平家と気脈を通じているものと信じていた。十月末、頼朝はようやく五万の兵を率いて義仲追討に向かったが、途中で「秀衡が数万の軍勢とともに白河関を出た」とのデマを耳にして、慌てて鎌倉へ引き返した。今や秀衡は、存在そのものが脅威になっていたのだ。

頼朝が秀衡の影におびえて足踏みをしている間に、都の義仲の暴行はますますひどくなっていた。寿永二年の暮れ、頼朝は六万の兵を西へ差し向ける。が、用心深い頼朝は、自らは鎌倉を動こうとせず、兵の指揮は範頼《のりより》、義経の二人の弟に任せた。

軍略の天才とうたわれた源義経は、ここで歴史の表舞台にデビューする。

義経が青春期を平泉で過ごしたことは、一般によく知られている。海音寺潮五郎氏の「武将列伝・源義経」によると、義経が金売り吉次なる人物に伴われて平泉入りしたのは、十七歳のときだった。

秀衡は、この海のものとも山のものともつかぬ〝亡命青年〟を、優しく迎え入れる。以後の五年間は、義経の短い生涯でかけがえのない年月となった。

まず、義経の忠実な家来となる佐藤継信・忠信兄弟との出会いがあった。兄弟は、平泉の先代・基衡が最も信頼した家来だった佐藤季春の血を引いている。いわば名門の出なのだが、この一事だけでも、藤原家中がどれほど義経を大切に扱ったかが分かるだろう。

海音寺氏はまた、この著書の中で武蔵坊弁慶が実は出羽の羽黒山の山伏だった、とする説を紹介。継信兄弟らと同じ時期に、奥州で義経と主従の契りを結んだものとみている。このほか、伊勢三郎義盛や堀弥太郎景光と義経との出会いも、実際の舞台は平泉だったのであろう。

付け加えるなら、義経が一ノ谷や屋島の合戦で見せる大胆な奇襲戦法は、この時代の武士たちの戦い方にはなかった。これは、阿弖流為以来エミシたちに受け継がれてきたゲリラ戦法を基にしたものであった、と思われる。

秀衡と義経とを結ぶ固いきずなは、親子の情愛にも似て、生涯変わることがなかった。

さて、話を本筋に戻すと、その義経は義仲討伐を命じられたものの、義仲よりはむしろ西国へ落ちた平家に対して、闘志を燃やしていたはずだ。源平両立の上に平泉の平和を保とうとしている秀衡にとって、秘蔵っ子の義経が始めようとしていたことは、練り上げた平和戦略を根底から覆すようなものだったに違いない。

義経は寿永三年正月二十日、宇治川を挟んで義仲軍と対峙した。半年前は六万と称していた義仲軍も、今や千六百にすぎない。勝負は既に見えていた。

木曽勢は敗れて京へ退却し、北へ逃れようとした義仲も翌二十一日、近江(滋賀県)の粟津で戦死を遂げた。義経は、馬首を西へ向ける。目指すは福原《ふくはら》(神戸)。そこは清盛以来の、平家の一大根拠地であった。

平家滅亡

「速ければ…自然、敵に情報をあたえない。敵の不意を襲うことができる。――迅速《じんそく》こそ、勝利である。というのが義経の原理であり、かれにとっては信仰のようなものでさえあった。その原理は、奥州の山野で馬を駈《か》けさせているとき、自然に自得した」（司馬遼太郎「義経」）

木曽義仲滅亡から六日目の寿永三年（一一八四年）正月二十六日、義経に平家追討の院宣が下る。

鎌倉勢は、二手に分かれて、平家の根拠地福原を目指した。平家は生田の森（神戸市中央区）を東の防衛ラインに、一ノ谷（神戸市須磨区）を西の防御拠点として、東西に長い陣地を構築。源氏の来襲に備えるとともに、機会をとらえて京都を回復する姿勢を見せていた。

兵力は五、六万人だったであろう。これに対し、源氏は生田の森へ向かう範頼の正面攻撃軍が五万。義経は一万余騎を率いて六甲山地に分け入り、からめ手口の一ノ谷に火の手を上げようという計画であった。総攻撃は二月七日に予定されていた。

義経は、〝エミシ戦法〟で、挑もうとした。「吾妻鏡」によると二月六日、副将格の土肥実平と田代信綱に兵力の大部分を与えて一ノ谷の門へ向かわせ、義経自身はわずか七十騎ほどを率いて、ひよどり越えの天険から平家陣の背後に出る。

大将軍が最少の部隊を統率するなど、味方はもとより平家方の常識でも理解できないことだった。が、この作戦は図に当たる。陣地の東西で激戦が繰り広げられ、平家方がむしろ優勢だった局面で、頭上から敵が降ってきたのだ。

平家方は混乱を来し、争って海へ逃れる。名のある武者で討ち取られた者千人余。大将軍格の首が九つもあった。将領級の者が一度にこれほど討ち取られた例は、古今に例がない。

義経は三日後の九日、京へ戻った。後白河法皇はじめ、義経の戦功をたたえない者はなかった。ひとり、鎌倉の頼朝だけが、沈黙を守っていた。

頼朝は義経の大戦果に、危機感を抱いていたのだ。頼朝の性格の特徴は、無類の用心深さにあった。九月、鎌倉は平家追討の軍を再び発したが、頼朝は義経を無視して、総大将には範頼を選ぶ。義経がこれ以上天才的な軍略を発揮すれば、東国武士たちも自分から離れて弟の方に従うようになりかねない、と恐れたからであろう。

ところが、頼朝の期待に反して、範頼は大将軍の器ではなかった。このころ、平家は屋島(高松市屋島)にいて瀬戸内海を制圧していたが、範頼は「船が足りない」とか「配下が言うことを聞かない」など泣き言を並べるばかりで、全くらちが明かない。

「背に腹は替えられぬ」。頼朝は、やむを得ず義経を起用する。義経は元暦二年(一一八五年)二月、あらしに紛れてわずか百五十騎で屋島にこぎ渡り、平家の本営を覆してしまった。翌三月、壇ノ浦合戦が起こり、平家は西海に滅亡する。ここでの勝利も、義経の巧みな潮流の利用と、相手方の船のこぎ手を狙いうつという、一種〝卑劣〟な作戦が功を奏したものといわれる。

都での義経人気は、頂点に達した。頼朝の疑念も、それに比例して大きく膨れ上がっていく。原因は、義経の方にもあった。義経はこのころ、平家の敗将の一人である大納言時忠《ときただ》の女《むすめ》をめとったりしている。時忠は平家全盛のころ「当今、平氏にあらずんば人にして人にあらず」などと、放言した人物。頼朝の機嫌がよかろうはずはない。

逃避行

元暦二年(一一八五年)五月七日、源義経は壇ノ浦(下関市)で生け捕りにした平家の統領宗盛《むねもり》父子を護送して、鎌倉へ向かう。十五日夜、相模(神奈川県)の酒匂駅《さかわのうまや》に到着した。そこには、頼朝の使いの北条時政《ほうじょうときまさ》(頼朝の妻政子の父)が待っていた。

時政は、宗盛父子を受け取りはした。が、意外にも、義経一行が鎌倉に入ることは厳しく拒む。義経は、頼朝の感情がこじれ始めていることに気付いていた。「吾妻鏡」の五月七日の条に、義経の使者が京から鎌倉へ駆け下り「鎌倉殿に対して、異心などありませぬ」という起請文《きしょうもん》を奉っていることが、記されている。

義経はしかし、頼朝の憎悪が頼朝自身の人格のひずみから発していることには、気付いていなかった。梶原景時《かじわらかげとき》のざん言によるものだ、と信じていた。

景時は後三年の役で名を上げた鎌倉権五郎景正の血を引いている。名家意識を鼻にかけがちなため、頼朝の郎党の中でも景時を嫌う者が多かった。義経とも反りが合わず、平家追討の最中にもしばしば義経と戦術論で対立。双方の家来たちまでが激高して、刀に手を掛ける場面もあった。

鎌倉入りを拒否された義経は、一カ月近くも酒匂駅付近にとどまり、頼朝の心を解きほぐそうと必死に努める。有名な「腰越状《こしごえじょう》」は、この折の嘆願書だ。「思ひのほかに虎口《ここう》の讒言《ざんげん》によって、莫大《ばくだい》の勲功を黙止せらる。義経犯すことなくして咎《とが》を蒙《こうむ》る」と、義経は述べている。

それでも頼朝は、弟の「罪」を許さなかった。海音寺潮五郎氏は「武将列伝・源頼朝」の中で、頼朝について「やはり天性異常なところのある人だったのだろう」との分析を加えている。

頼朝は、弟の範頼、古くからの功臣である平広常をはじめ、一族、有力な家臣たちを次々に殺してしまう。権勢の座への執着心と、持って生まれた底知れない用心深さに駆り立てられた行動だった。

義経の天才的な作戦能力と人気も、頼朝にとっては自らの地位を脅かす危険な材料にすぎない。義経は許しを得られないまま、失意のうちに京へ戻る。

そこにも、鎌倉の冷たい追い打ちが待っていた。まず、義経のものになっていた平家の遺領二十四カ所が、没収される。さらに頼朝は、刺客団を放って義経を亡きものにしようとした。

「もはや、己が死ぬか、兄を滅ぼすしかない」。追い詰められた義経は、後白河法皇に鎌倉追討の院宣を強要するが、兵は一向に集まらなかった。義経はついに、都落ちの道を選ぶ。

十一月五日、鎌倉の軍勢が都に入った。法皇は圧力に耐え切れず、逆に義経追捕の院宣を下す。義経の、苦難に満ちた逃亡生活の始まりだった。

鎌倉方の追捕の手は厳重を極めた。十一月十二日、頼朝は大江広元《おおえのひろもと》の献策を入れ、諸国に守護・地頭を置くことを決める。史上初の武家政権(鎌倉幕府)が、ここに実質上のスタートを切るわけだが、これは同時に、義経探索のための警察権を諸国に敷くことをも意味した。

近畿一帯を転々としながら再起を期していた義経も、逃れ切れないことを悟って奥州へと走る。平泉の秀衡はわが子の帰郷を迎えるように喜び、義経を衣川の館にかくまった。だが、鎌倉の手は衣川へも、ジワジワと迫ってくるのであった。

銀の猫

兄頼朝の追捕の手に追われ、源義経は平泉へと逃れる。義経がいつごろ、どんなコースを経て平泉入りしたのかは定かではないが、鎌倉方も義経が奥州へ逃げ込んだことぐらい薄々気付いていたはずだ。

さて、文治二年(一一八六年)八月十五日。この日、鎌倉では、恒例の放生会《ほうじょうえ》のやぶさめが行われることになっていた。頼朝は重臣たちを引き連れ、源氏の守護神である鶴岡八幡宮へ向かった。八幡宮に差し掛かると、見慣れぬ老僧が鳥居の辺りをうろつき回っている。「これを怪しみ、景季《かげすえ》をもって名字を問わしめ給うところ、佐藤兵衛尉憲清法師なり。今、西行と号すと云々《うんぬん》」と「吾妻鏡」に記されている。

頼朝は、この不審な老僧が高名な歌人の西行であることを知って、驚き、かつ喜んだ。「二品《にほん》(頼朝)、かの人を召さんがために、早速に還御《かんぎょ》あり。すなわち営中に招引し、御芳談に及ぶ」(「吾妻鏡」)。頼朝はこの日の行事を早々に切り上げ、西行と面談している。

源平争乱期の治承四年(一一八〇年)、奈良の東大寺が兵火で焼失。朝廷は東大寺再建に着手し、文治元年（一一八五年）、ついに大仏の開眼供養にこぎつけた。だが、大仏は首の部分だけを金色にメッキしたにすぎず、大仏殿の建設も懸案となっていた。

朝廷は、これらの費用を奥州の藤原秀衡に頼ろうとした。朝廷は、その使いに西行を選んだ。西行はこのとき六十九歳。当時としては極老の身だったが、要請を快諾して東へ向かった。頼朝と出会ったのは、この旅の途中だったのだ。

西行が鎌倉で足を止めたのには、訳がある。聖心女子大の目崎徳衛名誉教授は、著書「西行」の中で「西行は使命を果たすためには、平泉よりも鎌倉での折衝こそ肝要と考えていたに違いない」と述べている。

平泉は、鎌倉にとって「仮想敵国」であった。両者の間には「奥州の貢金・貢馬は鎌倉経由で行う」との取り決めもなされていた。秀衡が東大寺造営の寄金に応じたとしても、頼朝がヘソを曲げれば、せっかくの金も都には届かない仕組みだった。

頼朝と西行との会談は、夜を徹して行われた。頼朝は、歌道や兵法のことを聞きたがった。西行は歌人として一流だっただけでなく、出家前は鳥羽院北面の武士として朝廷に仕えた経験があり、さまざまな作法も身に着けている。頼朝はじめ鎌倉武士たちは、実戦の知識こそ優れていたものの、伝統行事をこなすような素養には無縁だった。西行の知識は、頼朝の最も欲するところだったと言える。

西行にとっては、そこが付け目だった。「これを見抜いた西行は、罪業の因だから忘れてしまったなどと勿体《もったい》を付けつつ、これを取引の具として活用した」（「西行」）

交渉に成功した西行は、翌八月十六日（文治二年）、幕営を退出した。頼朝はその際、銀製の猫を西行に贈る。ところが西行は門外に出るや、もらった銀の猫を遊んでいる子供にやってしまったという。

西行は頼朝に「もう一つの交換条件」をのまされた、と見る説もある。「西行は、頼朝のスパイに仕立て上げられたのです。間違いありません」。岩手県和賀町（現北上市）在住の作家菊池敬一氏は、こう語る。

秀衡は平泉入りした西行を丁重に扱い、十月には砂金四百五十両が早くも都へ届いた。そして、文治三年の二月には、義経の平泉潜伏が鎌倉の知るところとなっている。

「やっぱりな」。頼朝は、ほくそ笑んだ。これを機に、平泉からの貢金は途絶えてしまう。菊池説に従えば、西行は後に、自分の果たした役割のバカバカしさを痛感したに違いない。

巨星おつ

源義経が鎌倉方の手を逃れて奥州に入ったとき、藤原秀衡は嫡男の泰衡《やすひら》らを従えて街道の途中まで出迎えた。引き続き長い旅路の装いを改めた義経主従とともに金色堂にもうでて、安着感謝の報告をしたと伝えられている。だが、この義経潜伏の事実は、文治三年（一一八七年）の二月までには、鎌倉方の気付くところとなっていた。

頼朝は、後白河院に強要して「秀衡が義経を立てて反逆をたくらんでいる、とのうわさがある。早く義経を討って差し出せ。さもなければ、秀衡をも反逆者と見なす」という内容の詰問状を平泉へ送った。これに対して、秀衡は「朝廷への異心など、あるはずはござらぬ」と申し立てただけで、義経のことはうやむやにしてしまった。

文治三年九月四日、詰問使一行が鎌倉へ戻る。一行の中には、頼朝の間者も紛れ込んでいた。「秀衡には、既に合戦の用意ありと存じまする」。間者の報告に、頼朝は満足げにうなずく。

一方の秀衡。平家が滅びた今、頼朝のほこ先が次に自分へ向けられることぐらい、英明な身で分からなかったはずはない。「いずれ、頼朝は平泉攻めの兵を起こす。その時は…」と決意を固めていた。

実際、義経の天才的な作戦能力と奥州十七万騎の兵力が結束したならば、鎌倉を力で圧倒するのも不可能ではなかっただろう。「仮想敵」の頼朝は頼朝で、そんなことは百も承知。「あるいは、鎌倉と妥協の道が開けるのではないか…」。いずれにせよ、戦は避けられるなら、それに越したことはない」。秀衡の胸をたたけば、こんな答えが返ってきたのではなかろうか。

ところが、この年の十月、平泉にとって思いもかけない変事が起きる。奥州の独立を一人で支え続けていた王者秀衡が、倒れたのだ。病名は脊椎《せきつい》カリエス。六十六歳の秀衡には、もはや病魔に打ち勝つだけの体力は残っていなかった。

十月二十九日、義経らの願いもむなしく、「中世へ向かう時代の流れを止めた」とまでいわれる北の巨星は目を閉じる。

死の間際、秀衡は泰衡、国衡をはじめとする息子たちに、遺言を残した。「義経殿を疎略にしてはならぬぞ。この殿を大将軍として立てて、合戦のことは言うに及ばず、国政のことも指図を仰ぐがよい。義経殿がおわす限り、平泉は安泰じゃ」。鎌倉との緊張が高まる中、さぞや無念だったであろう。

「秀衡が死んだか」。頼朝にとっては、ここが力の入れどころであった。「吾妻鏡」によれば、朝廷をせき立てた頼朝は、文治四年だけでも三度、泰衡に院宣《いんぜん》を突き付けている。義経与党の追及も急になった。

遺言を奉じて結束していた平泉にも、次第に動揺が生じる。秀衡に代わって統領の座に就いた泰衡は、決して愚かな人物ではなかった。ただし、頼朝に対抗し得るほどの政治的な能力はなかった。

「義経殿さえいなければ、こうも干渉を受けることはあるまいに」。やがて泰衡は、義経を疎んじるようになる。これこそ、頼朝の思うつぼであった。

義経にも、泰衡の態度の変化は感じ取れたに違いない。それでも、義経は「いっそ泰衡を滅ぼして」などと、アクの強いことを考えるような人物ではない。自分が平泉の重荷になっているのを感じては、苦悩の度を深めていたことだろう。

泰衡の選択

「藤原基成（泰衡の外祖父）並びに、秀衡が子泰衡に申し付ける。これまで、義経を捕縛すべき宣旨を度々遣わしたにもかかわらず、朝威を軽んじて言い逃れを重ねるとは、奇怪千万。早々に義経を捕らえて差し出さば恩賞を賜らん。もし、凶徒義経に従わば、官軍を遣わして征伐せん」

文治四年（一一八八年）十月、平泉に届いた院宣は、これまでと違って格段に強硬な調子を帯びていた。これは、後白河院の本心から出たものではない。頼朝が書かせたようなものだったが、泰衡を大きく身震いさせるには十分な効き目を持っていた。

「わしの死後は義経殿を立てよ」——。先代秀衡の遺言と院宣とに挟まれて、泰衡はついに進退窮まる。十一月になると、追い打ちを掛けるように、義経捕縛を督促する院宣が下った。

加えて、平泉での義経の声望が、本人の好むと好まざるとにかかわらず、あまりにも大きなものになっていた。「義経記」には、義経が泰衡の弟の忠衡《ただひら》と心を合わせて謀反を企てている、との風説が泰衡の耳に入り、先手を打とうとした泰衡が忠衡を暗殺したことが記されている。

忠衡暗殺は「吾妻鏡」では、義経の死後のこととされているが、いずれにせよ、義経の行動に

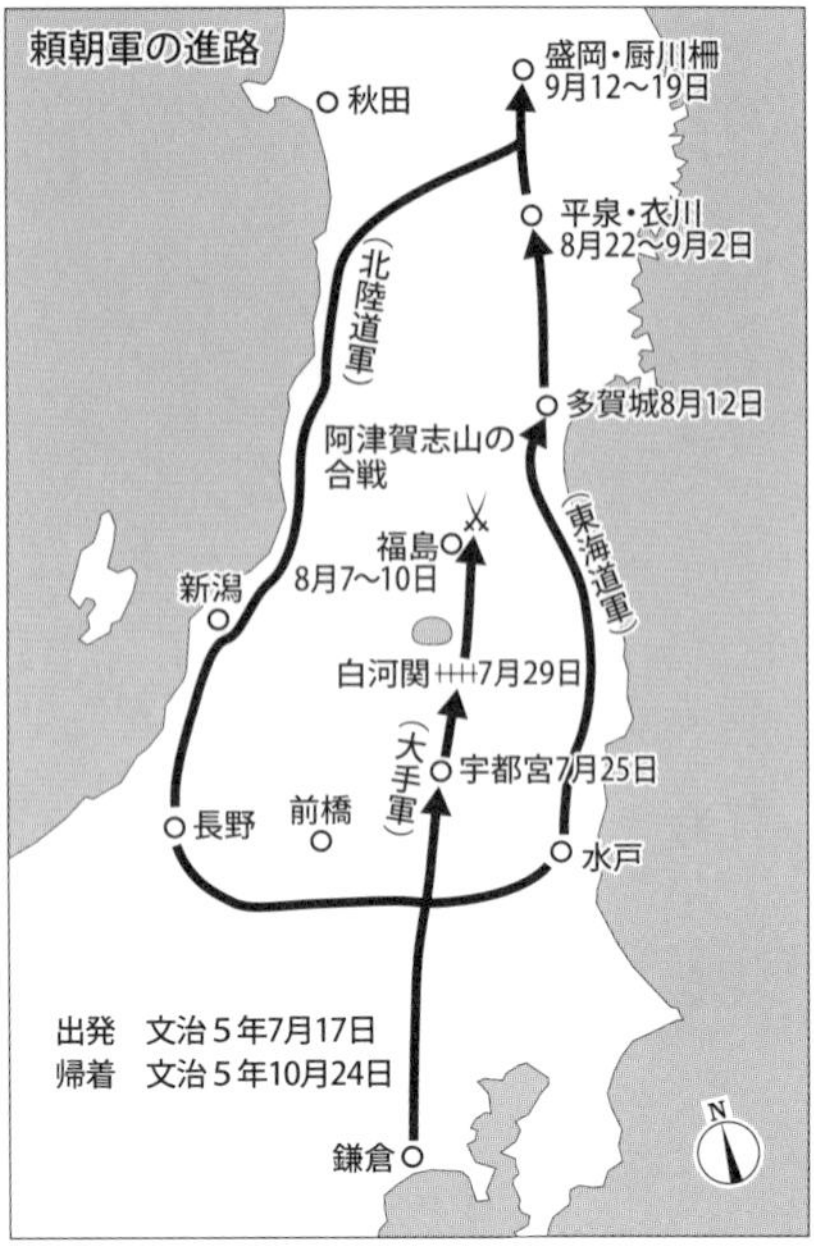

泰衡を不安がらせるようなことがあったのであろう。例えば、泰衡のような〝妥協派〟に飽き足りない〝主戦派〟が、義経を担いで鎌倉との対決ムードをあおる、といったことなどだ。

翌文治五年春、泰衡はもんもんたる日々を過ごした末に、鎌倉へ密使を送る。破滅への一歩であった。この年三月二十日、頼朝は朝廷に「泰衡追討」の宣旨を要求しているが、泰衡には鎌倉の腹の内など分かってはいない。

閏四月三十日夜、泰衡は数百騎を率いて衣川館に押し寄せた。義経は郎党を指揮して奮戦したが、先手を取られた上に兵数の差は歴然としている。義経は持仏堂に入り、二十二歳の妻と、四歳の女児を刺し殺した後、自害して果てた。三十一歳だった。

「泰衡のバカめ、墓穴を掘りおったわ」。鎌倉では既に、奥州征伐の準備が着々と進行していた。義経の死で、怖いものは何もなくなった。いわば泰衡は、頼朝にだまされて自らの力を弱めてしまったのだが、これは泰衡の器量の問題というほかない。

五月には、軍勢が続々と鎌倉入りした。七月十七日、頼朝は泰衡追討の宣旨を出し渋る後白河院を無視して、二十八万四千騎という空前の大軍を動かす。武家の長老大庭景能《おおばかげよし》の「軍中、将軍の令を聞き、天子の詔《みことのり》を聞かず」との献言を入れた行動だった。

朝命よりも、将軍の意思を重んじる「武者の論理」。中世、つまり武士の時代の幕開けを象徴する出来事であったと言える。

千葉常胤《ちばつねたね》らの東海道軍、比企能員《ひきよしかず》以下の北陸道軍に続いて、頼朝の大手軍が鎌倉を出発したのは、七月十九日の朝だった。十日後の二十九日、大手軍は早くも白河関を越えた。泰衡は奥州の野に満ちた頼朝軍を目の当たりにして、秀衡の遺言の重みをしみじみとかみしめたことであろう。

平泉炎上

鎌倉を相手に、伸《の》るか反るかの一戦に出て死中に活を見いだすか、それとも座して滅亡を待つか――。泰衡の平泉には、最初からこの二つの選択肢しか与えられていなかったのだ。

先代の秀衡は、この局面を正確に洞察していた。だが、跡を継いだ泰衡には、この呼吸が分からなかった。津波のような頼朝の大軍を見たとき「わしの死後は、義経殿を大将軍に立てよ。泰衡はその命に従え」との秀衡の遺訓が、初めて理解できたに違いない。

泰衡は阿津賀志山《あつがしやま》（厚樫山＝福島県国見町大木戸）で、頼朝軍の進撃を食い止めようとした。古来、この一帯は極めて重要な交通の要衝であった。現在、この山のふもとを国道4号、ＪＲ東北線、東北新幹線、東北自動車道が、一本の束のように走っていることからも、推察できるだろう。

ここはまた、平泉累代の重臣・佐藤一族が領する信夫荘にも近く、いわば守るべき真の国境だった。阿津賀志山の守備隊は総勢二万。指揮は泰衡の異母兄国衡が執った。前陣となる石那坂（福島市平石）には、佐藤元治が入って気勢を上げる。

総大将の泰衡はいずこに、と見ると、はるか後方の鞭楯《むちだて》（仙台市榴岡）を本陣として、前線に出ようとはしていない。このことも泰衡の評判を悪くする原因の一つとなるのだが、どうも泰衡にはこの一戦の持つ重みが、よく理解できていなかったように思える。総大将が決戦の場にいないなど、どんな兵法でも考えられることではない。

文治五年(一一八九年)八月七日夜、鎌倉方の先ぽうが阿津賀志山のふもとに進出。翌八日の卯の刻(午前六時ごろ)、頼朝の号令一下、一斉に戦端が開かれた。石那坂や、金剛別当秀綱《こんごうのべっとうひでつな》の前衛陣地は、数時間の攻防を経て壊滅。佐藤元治は敵に首を授け、秀綱は逃れて山上の国衡と合流する。

平泉方は、決して弱かったわけではない。鎌倉方の記録である「吾妻鏡」も、それを証明している。「吾妻鏡」によると、阿津賀志山をめぐって九日も終日激しい戦闘が展開された。主将の泰衡と違って、国衡は相当の覚悟を決めていたのだろう。国衡の配下も奮戦して、鎌倉方は木戸口に手を掛けることもできない。

日が変わって十日、運命の時がやってくる。「大軍木戸口に攻め近づき、戈《ほこ》を建て箭《や》を伝う。しかれども国衡、たやすく敗傾し難し」(「吾妻鏡」)。畠山重忠、和田義盛ら名うての武将を向こうに回して、国衡は力戦を繰り返した。

そのさ中であった。平泉方にとっては、白昼夢のような出来事が起こる。国衡本陣の背後の山に、天から降ってきたように敵の軍勢が現れた。小山朝光の率いる精鋭部隊であった。前夜、宿営地をひそかに抜けた朝光は、軍勢とともに険しい山道に分け入り、阿津賀志山の北側に回り込んでいたのだ。

朝光勢の猛攻を受けて、平泉方は態勢を立て直す間もなく、将棋倒しのように次々に崩れる。金剛別当秀綱と、十三歳になる息子の秀方が踏みとどまって防戦に努めたが、むなしかった。父子は奮戦の後、まくらを並べて討ち死にを遂げる。国衡は和田義盛の矢を受けて弱ったところを、畠山重忠の郎党が殺到して首級を上げた。

そのころ、鞭楯の本陣では、泰衡が敗戦の報に度を失っていた。泰衡は防衛軍を再編する覇気もなくし、本陣を捨てる。国府多賀城を素通りし、平泉をも見捨ててひたすら北へ急いだ。

初代の清衡以来百年続いた北の王都は、炎に包まれる。泰衡は、平泉を退去する間際に、館に火を放ったのだ。あっけないと言えば、あまりにもあっけない幕切れであった。

大盗きゆる

「杏梁《きょうりょう》桂柱《けいちゅう》の構、三代の舊(旧)跡を失い、麗金昆玉の貯、一時に新灰となす。倹は存し、奢《しゃ》は失す。誠にもって慎むべきものをや」。「吾妻鏡」の文治五年(一一八九年)八月二十一日の条は、こんな文章で締めくくられている。

奥羽の野を埋め尽くした源氏の白旗の群れは、翌二十二日の夕方、平泉へ入っている。焼け落ちた伽藍の跡を、秋雨が静かにぬらしていた。

幸いにして金色堂、二階大堂(大長寿院)、無量光院、毛越寺伽藍などは、類焼を免れていた。同じく焼け残った穀物倉を源氏の兵たちが開けてみたところ、中には金の沓《くつ》、銀の猫、象牙の笛、錦の直垂《ひたたれ》、瑠璃《るり》の灯炉をはじめとするおびただしい財宝が納められていた。

頼朝はこれら奥羽の財宝を、意のままに将兵に分け与える。この瞬間、頼朝はエミシたちにも、朝廷にも勝ったのだと言ってよいだろう。先祖の頼義、義家ら、きら星のようにそろった名将たちが成し遂げられなかったことを、流人上がりの頼朝がやってのけたのだ。「ついに、累代の意趣を晴らした」。満足感が、全身を浸していたに違いない。

九月六日、前九年の役ゆかりの地・厨川柵へ向かう途上の頼朝の元へ、泰衡の首級がもたらされた。持参したのは、比内郡贄柵《にえのさく》（大館市二井田）の住人河田次郎《かわたのじろう》。泰衡は北へ逃れる途中、贄柵に立ち寄って、平泉代々の郎党河田次郎の反逆に遭ったのだった。

泰衡の首には、多くの傷跡が残り、むごたらしい殺され方をしたことを物語っていた。側頭部には、耳をそぎ落とすような大きな刀傷。鼻も欠けている。恐らく、暴れ回るのを数人掛かりで押さえ付け、やみくもに刀を振り下ろしたのであろう。泰衡は、生きながら首を切られたのだ。

頼朝の父義朝《よしとも》は、信頼していた配下に殺されている。頼朝にとっては痛恨の思い出だが、河田次郎は今、主筋の泰衡を討ち、得意顔で恩賞を求めている。頼朝が、そんな男を受け入れるはずがなかった。河田次郎の首は、たちまち宙に飛んだ。

翌九月七日、平泉屈指の勇将由利八郎が、頼朝の本陣へ連行されて来た。頼朝は由利八郎を召し寄せて、言い放つ。「そちの主泰衡は、奥羽両国を領有して威勢を振るっていたが、最後にはよき郎党も従えていなかったために河田なる逆臣に殺されてしまった。十七万騎と称する軍勢を率いながら、わずか二十日で滅ぶとはふがいないことだ」

由利八郎は堂々と反論する。「あなたの父君義朝公は、十五カ国を管領し、数万騎の主でおわしたというに、平治の乱では一日も持ちこたえることができず、やはり譜代の郎党のために落命なさったではござらぬか。主人泰衡は、わずか二カ国の主にすぎませぬ。それが数十日もの間、あなた方を悩まし申し上げたのです。あながち不覚とは申せますまい」

河田次郎とは雲泥の差の、立派な態度だ。頼朝は言葉を失った。由利八郎は畠山重忠の預かりとなったが、頼朝は「よくいたわってとらせよ」と言い添えている。

頼朝と鎌倉勢は、九月二十八日、平泉をたって帰路に就いた。以後、平泉には再び黄金の桜が咲くことはなかった。

はるかな時を経て昭和三十五年五月、金色堂建立八百五十年を記念して、境内の一角に宮沢賢治の詩「中尊寺」の石碑が立てられた。

七重の舎利の小塔《ことう》に
蓋《がい》なすや緑の燐光《りんこう》

大盗《だいとう》は銀のかたびら
おろがむとまづ膝《ひざ》だてば
赭《しゃ》のまなこたゞつぶらにて
もろの肱《ひじ》映《は》えかゞやけり

手触《た》れ得ぬ舍利の寶塔《ほうとう》
大盗は禮《らい》して没《き》ゆる

「大盗」は頼朝のことだと、解釈されている。だが、この詩には、もっと深い意味が感じられてならない。金色堂を訪れる人たちは、みな真っすぐに金ぱくの輝きに引き寄せられていき、すぐそばに立つ詩碑に気付く人は、全くと言ってよいほどない。

滅びざるもの

「三代の栄耀一睡のうちにして、大門の跡は一里こなたにあり。秀衡が跡は、田野になりて、金鶏山のみ形を残す。（略）さても義臣すぐってこの城にこもり、功名一時の草むらとなる。〝国破れて山河あり、城春にして草青みたり〟と、笠うち敷きて、時のうつるまで泪《なみだ》を落しはべりぬ」（松尾芭蕉「おくのほそ道」）

元禄二年（一六八九年）の夏。俳聖芭蕉は、源義経最期の地・高館に立った。平泉の滅亡が文治五年（一一八九年）九月だから、ちょうど五百年後のことであった。

芭蕉は夏草の中に、義経をまつる小さなお堂を見たことであろう。芭蕉は、東北一の大河である北上川の流れに悠久の時を感じ、杜甫の五言古詩「春望」の一言半句を思い浮かべて、涙を流したのだ。

北の王都平泉は「滅亡」の時点で、文化都市の機能を停止してしまう。だが、宗教の聖地としての立場は、その後も変わることがなかった。征服者源頼朝の、神仏への信仰心が厚い性格を反映したものと言える。

泰衡をはじめ、奥州藤原氏の血筋には全く容赦しなかった頼朝だが、藤原一族が建立した寺社に対しては、手厚い保護を加えている。

例えば、奥州滞在中の文治五年九月九日、配下の兵士たちが、ある寺に押し入って、壁板十三枚を盗むという不祥事を起こした。これを耳にした頼朝は、下手人を厳しく追及し、主犯格の男の腕を左右とも切り落とすという厳罰を加えた。見せしめの積もりだったのだろう。

寺領など経済基盤の所有も、従来通りとされた。「平泉内の寺領においては、先例に任せて寄付するところなり。堂塔たとえ荒廃の地たりといえども、仏性灯油の勤めに至りては、地頭らその妨げを致すべからざるものなり」（「吾妻鏡」文治五年九月十七日の条）。何を差し置いても仏事を第一にせよ、という意味だ。僧りょたちは、胸をなで下ろしたに違いない。

しかしながら、頼朝が奥州を去ると、保護者を失った寺社はたちまちのうちに荒れていく。原因の第一には、役人たちの怠慢が挙げられよう。役人たちは、面倒で物入りな寺社の修繕・維持を嫌った。中には、任務を免れようと、伽藍に放火した者さえいたといわれている。

建暦三年(一二一三年)四月、頼朝の妻・北条政子の夢まくらに一人のよろい武者が立ち、平泉の寺々が荒廃の極に達しつつあることを嘆いた。夢から覚めた政子は執権北条義時に命じて、直ちに修繕の手を入れた。「吾妻鏡」には、そうした記述も見える。

鎌倉の権力者たちにとって、平泉の寺塔の維持・修復は、自分たちが滅ぼした藤原一族への慰霊行為にほかならない。その後も度々手を入れはしたのだろうが、結局、荒廃の進行を食い止めることはできなかった。

嘉禄二年(一二二六年)、毛越寺の大伽藍が焼失。建武四年(一三三七年)には、野武士たちの放火によって、二階大堂をはじめとする中尊寺の堂塔のほとんどが灰になった。

ただ一つ、焼失を免れたのが金色堂だった。関山に火の手が上がるのに気付いた周辺の住民たちが駆け付け、木を切り、水を運んで、延焼を防いだのだという。藤原一族が建設した「浄土」に対する民衆の、誠実でかれんな信仰心の表れとは言えないだろうか。

伽藍の群れは消滅しても、それらに込められた〝こころ〟は、民衆の胸の中に生きていた。この「滅びざるもの」の存在に芭蕉が気付いていれば、「おくのほそ道」も、もう少し違ったトーンになっていたような気がする。

余話三題

片目のカジカ

「片目のカジカは、これまで百匹以上も見ています。不思議なことに、つぶれているのはほとんどが右目なんですな。ま、左目がダメなのも一、二匹いることはいましたが」

こう語るのは、横手市の文化財保護委員で郷土史家の伊藤金之助さんだ。後三年の役の決戦場となった金沢柵の北側を、厨川という渓流が流れている。片目のカジカは、ここにすんでいる。

この魚は、伝説を背負って生きている。後三年の役の折、源義家の配下に、鎌倉権五郎景正という若い勇者がいた。景正は金沢柵攻めでも、陣頭に立って奮戦し、敵の矢を右目に受ける。だが、気丈な景正は重傷にもひるまずに戦い続け、敵を圧倒したという。

「景正が傷口を厨川の水で洗うと、流れが真っ赤に染まったといいます。それで、川のカジカたちも片目になった、というんですね。秋田県立男鹿水族館が調べた結果では、実際は一種の水カビが目を侵してしまうらしいんです。でも、それがなぜ右目と決まっているのかは、ナゾですね」。伊藤さんも、首をひねるばかりだ。

泰衡の神社

「わしらの在所の殿様が大それたことをして、という気持ちが、この地区にはまだ残っているんです。泰衡様の霊をお慰めするのはわれわれの務めだと、ここいらの年寄りたちは思っているんですねえ」

大館市の南部郊外を流れる犀川《さいかわ》。この川のほとりに、錦神社という小さな社がある。一帯の地名は大館市二井田上出向だが、通称を館《たて》地区という。ここの町内会長さん、平沢良致さんはそんなことを語った。

源頼朝の追及を逃れた藤原泰衡は、津軽街道に沿ってはるか北を目指した。その途中に立ち寄ったのが、累代の家臣河田次郎がこもる贄柵であった。

贄柵は、犀川を挟んで錦神社と向かい合う場所にあった、とみられている。平沢さんが話してくれた地区の言い伝えによると、柵を訪れた泰衡は、河田次郎の態度に反逆の意思を感じ取り、すぐに脱出。犀川を渡り、地面に穴を掘って土中に潜んだ。ところが、着用していた錦の直垂がわずかに露出していたため、河田方の家臣に発見され、殺されてしまう。

「錦神社の名は、このことに由来しています。旧暦九月三日の泰衡様の命日が、神社の例祭の日なんですが、毎年、たくさんのお供え物を送ってくる方が、隣の比内町(現大館市)にいらっしゃる。泰衡様に従ってきた家臣の末えいだということです」

すぐ近くには「八付場《はっつけば》(刑場)」という地名も残る。河田次郎が処刑された所、だそうである。

阿弓流為の刀

征夷の大軍を向こうに回して、一歩も引かなかった胆沢の英雄阿弓流為。その所用と伝えられる刀が、平泉の中尊寺に納められている。柄の部分がグッと反ったもので、日本刀の祖型とされている。

反りがあれば、相手を切ったとき、直刀と比べて格段に反動が少ない。いわば、進歩した武器だった。阿弓流為らが征夷軍を圧倒できたのも、この〝新兵器〟があればこそだった、とする説もある。

これを造ったのは、一関市周辺にいたとされる舞草刀工団。彼らは、大陸から帰化した冶金技術者集団だったといわれている。

「日本刀といえば、五郎入道正宗を思い浮かべる人が多いのではないでしょうか。正宗の作品はまさに、日本刀の最高峰と言えるものです。でも、正宗を含めた相州刀工団のルーツは、実は奥州鍛冶なんですね」。そう語るのは、前岩手県立博物館学芸部長の梅原廉さん。

たくさんの名刀を生みだしたはずの奥州鍛冶だが、現存する作品は意外に少ない。「相州伝や古備前ものと鑑定されているものの中に、紛れ込んでいるのではないか」というのが、梅原さんの持論だ。

成分分析をすれば、どこで採れた鉄でできているかが分かる。埋もれた奥州刀も、発見できるだろう。梅原さんは、そのためのデータベース作りに余念がない。「あと数年。きっと、私の説が証明できますよ」

エミシの心

昭和五十八年、国の特別名勝・特別史跡に指定されている毛越寺庭園の一角から、古代の遣水《やりみず》の遺構が出土した。遣水は翌五十九年までに、八百年前の姿そのままに整備され、美しいせせらぎが平安時代の庭造りの指導書である「作庭記」の様式を、余すところなく伝えている。

二年後の六十一年五月、藤原秀衡公八百年御遠忌特別大祭の記念行事として、この遣水を使った「曲水の宴」が催された。宴は以来、毛越寺の春の呼び物の一つとなっている。

「今年(平成二年)の曲水の宴に、私も出ることになってしまった。平安貴族のまねなど真っ平だと、一度は断ったんですけどね。そしたら、毛越寺では〝よし、それではエミシの代表として出てくれ〟と言うんですな」

岩手県和賀町(現北上市)在住の作家で、民俗学者の菊池敬一さんは、そう言いながら苦笑して見せた。

和賀町の町外れに「久那斗《くなと》神社」という社がある。近くには、藤原時代に黄金を運ぶ荷車が行き交った「秀衡街道」の痕跡も残っている。菊池さんは、神殿に昇ると、壊れた木箱を祭壇から取り出してきた。〝ご神体〟だという。

でも、辺りの人たちは、だれもこんな木箱を信仰してはいない。この神社の本来の祭神は〝仙人さま〟という一つ目の山の神様で、木箱のご神体は後になって明治政府が押し付けたものだ。植民地時代の朝鮮半島で展開されたのと同じことが、規模は小さいものの、岩手県の山里でも行われたのである。木箱は国家そのものだったと言ってよい。古代政府の対エミシ政策と、やり方は全く変わっていない。

菊池さんは、錦秋湖に程近い岩手県湯田町(現西和賀町)の鷲の巣金山跡も案内してくれた。切り立ったがけのそこかしこに、横穴が口を開けている。タヌキ掘りと呼ばれる採掘跡だ。現在の鷲の巣山は三角すいを縦割りにしたような形だが、その昔は、やはり広いすそ野を持っていたのだろう。

「採掘が山容を変えたんですよ。すごいエネルギーじゃないですか」と菊池さん。こうした数多くの山々から集められた金が、平泉の浄土のような黄金文化を支えたのである。

歴史の表舞台には、登場してこない無数の山びとたち。彼らの精神のよりどころが、あの〝仙人さま〟のような神々だったのであろう。

「本当のところはよく分からないのですが」と前置きしながら、菊池さんが語る。それによると、菊池一族は九州を地盤とした古代豪族で、ルーツをたどれば皇室の親衛隊だった。

「ですが、東北の水を飲み、空気を吸えば、だれもが〝エミシ〟になるのではないでしょうか」。都の藤原氏の末流と称した奥州藤原一族が、自らを〝東夷の遠酋〟と呼んだのも、そんな気持ちの表れではないか、と菊池さんはみる。

菊池さんの作品は東北の大地を舞台にしたものばかりだ。こんな、東北を描くエネルギーと、藤原一族のようにみちのくに何かを築こうとするエネルギーは、あるいは、同じ水と空気から生まれてくるものなのかもしれない。

もしそうだとしたら、今日、東北に住むわれわれにも、エミシたる資格があるのではないだろうか。半分に削り取られた鷲の巣鉱山の山肌が、われわれに無言の問い掛けをしているように思えてならない。「お前たちは、どんな浄土を築いて見せるのだ」と。

〔参考文献〕

【第1部】

「陸奥話記」（梶原正昭校注）、「検定不合格日本史」（家永三郎著）、「征夷大将軍」「辺境」「平泉」「蝦夷」（高橋富雄著）、「古代東北の兵乱」「古代東北日本の謎」「古代東北の覇者」「秋田の歴史」（新野直吉著）、「全訳吾妻鏡」（新人物往来社刊）、「国史大系」（日本書紀、続日本紀、日本紀略、三代実録、古事談、十訓抄、扶桑略記、百錬抄、日本文徳天皇実録）、「極楽寺千百年史」（司東真雄著）、「北方風土⑩」（秋田文化出版刊）、「鬼がつくった国・日本」（小松和彦、内藤正敏共著）、「日本社会と天皇制」（網野善彦著）、「アテルイとエミシ」（延暦八年の会編）、「安倍宗任」（安川浄生著）、「源義家と後三年の役」（佐々木千代治著）、「北天の魁」（菊池敬一著）、「もりおか物語⑩」（熊谷印刷編）、「図説日本の歴史」（集英社刊）、「日本古代史の謎」（大塚初重編）、「街道をゆく・陸奥のみち」（司馬遼太郎著）、「悪人列伝①」（海音寺潮五郎著）、「仙台叢書・奥羽観蹟聞老志　後三年合戦論」（和泉竜一著）

【第2部】

「新秋田叢書・奥州後三年記」（歴史図書社刊）、「奥州藤原史料」（東北大東北文化研究会編）、「奥州後三年合戦絵詞」（戎谷南山筆）、「後三年戦役講和案」（旧陸軍歩兵第八師団編）、「雄物川町郷土史資料第16・17・18集」（秋田県雄物川町教委編）、「金沢柵発掘調査概報」（秋田県教委・横手市教委編)、「改訂後三年戦蹟誌」(伊藤耕餘著)、「北方風土⑫」(秋田文化出版刊)、「奥羽戦乱と東国源氏」(奥富敬之著)、「源義家」(安田元久著)、「平泉の世紀・藤原清衡」(高橋富雄著)

【第3部】

「平泉―中尊寺・毛越寺の全容」(藤島亥治郎監修)、「平泉」「奥州藤原氏四代」「義経伝説」(高橋富雄著)、「中尊寺と毛越寺」(須藤弘敏・岩佐光晴共著)、「悪人列伝②」「武将列伝①」(海音寺潮五郎著)、「義経」(司馬遼太郎著)、「西行」(目崎徳衛著)、「中尊寺金色堂の諸問題㊤㊦」(菅野成寛著)、「青銅の神の足跡」(谷川健一著)、「北方風土⑩」(秋田文化出版刊)、「刀剣美術・平成二年一、二月号」(日本美術刀剣保存協会編)、「幻の刀工達」(佐藤矩康著)、「鎌倉鍛冶藻草塩」(間宮光治著)、「奥州平泉黄金の世紀」(荒木伸介、角田文衛ほか共著)、「芭蕉文集」(富山奏校注)、「シンポジウム平泉」(高橋富雄編)、「校註国歌大系・六家集」(講談社刊)、「全訳吾妻鏡」(新人物往来社刊)、「日本古典文学大系・義経記」(岩波書店刊)、「総合研究津軽十三湖」(佐々木孝二編)

「日高見の時代」関連年表

西暦	年号	東北地方のできごと	日本の主なできごと
六四五	大化　一		大化改新。東国国司任命される。
六四七	三	渟足柵をおく。	
六四八	四	磐舟柵をおく。	
六五八	斉明　四	阿倍比羅夫、日本海岸の蝦夷を討つ(～六六〇)。	
六六三	天智　二	陸奥国信太郡の壬生五百足、白村江の戦いで捕虜となる。	日本の水軍、唐の水軍と白村江で戦って、大敗する。
六六七	六		近江大津宮へ遷都する。
六七〇	九		全国的に戸籍(庚午年籍)をつくる。
六七二	弘文・天武一		壬申の乱おこる。
六九四	持統　八		藤原京へ遷都する。
七〇一	大宝　一		大宝令を施行する。
七〇八	和銅　一	この年の陸奥国戸口損益帳が現存している(正倉院文書)。越後国に出羽郡をおく。	和同開珎を作る。
七〇九	二	陸奥・越後の蝦夷を討つ。	
七一〇	三		平城京へ遷都する。
七一二	五	出羽郡を独立させて出羽国をおく。陸奥国最上・置賜二郡を出羽国に付す。	「古事記」なる。

西暦	年号	東北地方のできごと	日本の主なできごと
七一三	六	陸奥国に丹取郡をおく。	
七一五	霊亀一	相模・上総・常陸・上野・武蔵・下野の富民一、〇〇〇戸を陸奥に移す。	郷里制施行（～七四〇）。
七一六	二	信濃・上野・越前・越後四国の百姓一〇〇戸を出羽国に移す。	
七一八	養老二	陸奥国を割いて石城国・石背国をおく。	
七一九	三	東海・東山・北陸道の民二〇〇戸を出羽柵に移す。	
七二〇	四	蝦夷反乱し、按察使上毛野広人を殺す。	「日本書紀」なる。
七二二	六	柵戸一、〇〇〇人を陸奥鎮所に配す。	
七二三	七		三世一身の法を定める。
七二四	神亀一	蝦夷反乱し、陸奥国大掾佐伯児屋麻呂を殺害したので、陸奥出羽に征討軍を派遣する。多賀城碑によれば、この年に多賀城をおく。このころ石城国・石背国を再び陸奥国に編入する。	
七二八	五	陸奥国白河軍団をおく。丹取軍団を改め玉作軍団とする。	
七二九	天平一		長屋王の変おこる。
七三三	五	出羽柵を秋田村高清水岡に移す。	
七三七	九	大野東人、多賀城と出羽柵との連絡路を開く。	このころより都に天然痘が流行し、藤原四兄弟ら高官が相次いで没する。

西暦	年号	東北地方のできごと	日本の主なできごと
七四〇	一二		九州で藤原広嗣の乱おこり、大野東人、大将軍として派遣される。
七四一	一三		国分寺、国分尼寺の造営発願の詔が出される。
七四三	一五		墾田永年私財法を定める。
七四九	天平感宝一 天平勝宝一	陸奥国から黄金が献上される。	
七五二	天平勝宝四		東大寺大仏の開眼供養会をおこなう。
七五七	天平宝字一		橘奈良麻呂の乱おこり、藤原仲麻呂実権を握る。
七五八	二	陸奥国の浮浪人を徴発して桃生城を造りはじめる。坂東八国、越前・能登・越後等四国の浮浪人二、〇〇〇人を雄勝の柵戸とする。	
七五九	三		
七六〇	四	桃生城・雄勝城なる。	
七六四	八		藤原仲麻呂(恵美押勝)の乱おこる。
七六七	神護景雲一	伊治城なる。道嶋嶋足、陸奥国大国造となる。	
七六九	三	栗原郡をおく。	
七七四	宝亀五	海道の蝦夷、桃生城をおかす。	
七八〇	一一	伊治公呰麻呂反乱して按察使紀広純らを殺し、多賀城を焼く。	

西暦	年号	東北地方のできごと	日本の主なできごと
七八四	延暦三		長岡京へ遷都する。
七八六	五	蝦夷征討の準備をはじめる。	
七八九	八	征討軍、衣川で大敗する。	
七九〇	九	再び蝦夷征討の準備をはじめる。征夷副将軍坂上田村麻呂、蝦夷を征す。	
七九四	一三		平安京へ遷都する。
七九七	一六	坂上田村麻呂を征夷大将軍に任命する。	
八〇二	二一	坂上田村麻呂、胆沢城をつくる。駿河・甲斐・相模・武蔵・上総・常陸・信濃・上野・下野などの国の浪人四、〇〇〇人を胆沢城に移す。夷大墓公阿弖利(流)為、盤具公母礼ら降服する。	
八〇三	二二	志波城をつくる。	
八〇五	二四	藤原緒嗣の意見により、蝦夷征討と平安京の造営工事を停止する。	
八一一	弘仁二	文室綿麻呂、東北北部の蝦夷を討つ。	
八一五	六	陸奥国の軍制を改編する。多賀城に常駐する兵士は五〇〇人、玉造塞には三〇〇人、胆沢城には七〇〇人となった。	
八二九	天長六	陸奥出羽に疫病流行する(〜八三〇)。	
八三〇	七	出羽国大地震。	

西暦	年号	東北地方のできごと	日本の主なできごと
八三七	承和四	玉造塞の温泉石神噴火する。三年春より、妖言に奥邑の民が動揺し、栗原・賀美両郡の百姓多く逃亡する。また栗原・桃生以北の俘囚は反覆して定まらないので、援兵一、〇〇〇人を差発して非常に備える。	
八五〇	嘉祥三	出羽国大地震。	
八五八	天安二		藤原良房、事実上の摂政となる（人臣摂政のはじめ）。
八六二	貞観四	黒石寺の薬師如来像つくられる。	
八六九	一一	陸奥国大地震。	
八七八	元慶二	出羽国夷俘反乱する（元慶の乱）。	
八八七	仁和三		藤原基経、関白となる（関白のはじめ）。
八九四	寛平六		遣唐使を廃止する。
九〇一	延喜一		菅原道真、大宰権帥に左遷される。
九〇二	二		はじめて荘園整理令を発する。
九三四	承平四	陸奥国分寺七重塔、落雷により焼失する。	
九三九	天慶二		平将門・藤原純友の乱（承平・天慶の乱）。
一〇一六	長和五		藤原道長、摂政となる。

西暦	年号	東北地方のできごと	日本の主なできごと
一〇五一	永承 六	源頼義を陸奥守に任じ、安倍頼良(時)を討たせる(前九年の役~一〇六二)。	
一〇八〇	承暦 四	陸奥国分尼寺顛倒する。	
一〇八三	永保 三	源義家と清原清衡・家衡らとの戦いがはじまる(後三年の役~一〇八七)。	
一〇八六	応徳 三		白河上皇院政をはじめる。
一〇九一	寛治 五	藤原清衡、馬二疋を関白藤原師実に進上する。	
一一二四	天治 一	中尊寺金色堂なる。	
一一五三	仁平 三	摂関家領高鞍・本良等五カ荘の年貢につき、左大臣頼長と藤原基衡との間に交渉おこなわれる。	
一一五六	保元 一		保元の乱おこる。
一一五九	平治 一		平治の乱おこる。
一一六〇	永暦 一	白水阿弥陀堂創建と伝えられる。	
一一六七	仁安 二		平清盛、太政大臣となる。
一一七〇	嘉応 二	藤原秀衡、鎮守府将軍となる。	
一一八〇	治承 四		源頼朝、挙兵する。
一一八一	養和 一	藤原秀衡、陸奥守となる。	
一一八五	文治 一		平氏滅びる。
一一八七	三	藤原秀衡死す。	

西暦	年号	東北地方のできごと	日本の主なできごと
一一八九	五	源頼朝、平泉藤原氏を滅ぼす。 頼朝、多賀国府において陸奥国統治の基本方針を地頭らに示す。 平泉の旧臣大河兼任ら反乱をおこす（〜一一九〇）。	
一一九二	建久三		頼朝、征夷大将軍となる。

（年表作成・東北歴史資料館＝現東北歴史博物館）

野村　哲郎（のむら・てつろう）
●1962年仙台市生まれ。
●北海道大学文学部卒
●87年、河北新報社入社。秋田総局、学芸部、水沢支局、白河支局、大崎総局などを経て、2017年から整理部次長。

日高見の時代
古代東北のエミシたち

発　行　2010年7月29日　第1刷
　　　　2018年4月7日　第3刷
発行者　佐藤　純
発行所　河北新報出版センター
〒980-0022
仙台市青葉区五橋一丁目2-28
河北新報総合サービス内
TEL　022（214）3811
FAX　022（227）7666
https://kahoku-ss.co.jp
印刷所　山口北州印刷株式会社

定価は表紙に表示してあります。
乱丁、落丁本はお取り替えいたします。

ISBN　978-4-87341-245-0